W0188100

Was steht wo in diesem Fischer FlickFlack

Deutsche Erstausgabe.
Text : Jean-Paul Mouvier.
Aus dem Französischen von Marianne Lettmann.
Redaktion : Helmut Knüpfer.
© Fischer Taschenbuch Verlag GmbH, Frankfurt am Main 1974.
»Cerfs-volants« © Editions Gallimard, Paris.
ISBN 3 436 01903 8.

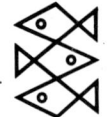

DRACHEN-BAUEN NEU ENTDECKT

Der Verfasser

Die ersten Drachen

Wer die ersten Drachen steigen ließ, wissen wir nicht genau. Wahrscheinlich aber stammen sie aus China. Drachenbauen ist noch heute in ganz Asien und auf den Inseln des Stillen Ozeans ein Volksbrauch.

Ursprünglich hatten Drachen eine religiöse Bedeutung. Sie galten als Geister, die die Wünsche der Menschen erfüllen sollten. In Indonesien ist ein Drachen, der an einem Boot festgebunden und auf das Meer hinausgeschickt wird, das Symbol für die Seele, die sich über den Körper erhebt. In Polynesien vertreten Drachen die Götter oder sind Kennzeichen des Stammeshäuptlings.
In Kambodscha war es vor kurzer Zeit noch Brauch, nachts über dem Haus einen Drachen schweben zu lassen. Er trug ein kurzes Bambusrohr. Wenn der Wind durch das Rohr blies, entlockte er ihm einen klagenden Ton, der die bösen Geister verjagen sollte. So konnten die Hausbewohner ruhig schlafen.

In Korea schreiben die Eltern heute noch zu Beginn eines neuen Jahres Namen und Geburtstag von jedem ihrer Söhne auf einen Drachen.
Wenn der Drachen hoch in den Himmel gestiegen ist, schneiden sie die Schnur durch, damit der Wind den Drachen weit fortträgt.
Damit bewahren sie die Kinder vor den bösen

Geistern, denn diese werden jetzt dem Drachenköder folgen und versuchen, ihn zu quälen.

Feuerwerk und fliegende Laterne

Im 15. Jahrhundert brachten portugiesische, englische und holländische Kaufleute die ersten Drachen nach Europa. Doch wußte man hier während der ersten hundert Jahre nichts Rechtes mit ihnen anzufangen. Im 17. Jahrhundert aber wurde es Mode, Drachen als Feuerwerkskörper zu verwenden. Sie hatten einen dicken Pulverbauch oder einen langen Schwanz, an dem Knallfrösche und Sprengschnüre befestigt waren. Daran solltet ihr nächstes Silvester einmal denken...

Krieg und Schmuggel mit Drachen

Es ist lange her, daß ein Drachen zum erstenmal für einen militärischen Zweck eingesetzt wurde. 196 v. Chr. verwendete der chinesische General Han-Sin einen Drachen, um die Entfernung zu dem Palast zu messen, den er gerade belagerte. Die Entfernung konnte er an der Länge der Drachenschnur ablesen. Daraufhin ließ er einen Tunnel graben, der genau im Innern des Palastes endete. So konnten sich seine Krieger unbemerkt ins feindliche Lager schleichen.

Auf eine andere ganz praktische Verwendung für Drachen kamen die Pariser während der Belagerung 1870. Körbe mit wohlgefüllten Schnapsflaschen hingen da an Drachen, die ganz zufällig über der Stadt « abstürzten ». Keine einzige Flasche soll dabei zerbrochen sein...

Ein Drachen!

Höchst seltsam! Mönche,
die Drachen steigen lassen!

Der Drachen hat eine
lange Reise hinter sich:
Käpt'n Haddock ent-
deckte ihn in China, und
brachte ihn nach Amerika.
Dort versucht nun Charlie
Brown, seinen Verfolger
loszuwerden. Und auf dem
Bild des Malers Goya muß
man erst herausfinden, wer
den Drachen steigen läßt.

Spiel und Kampf

Vor 150 Jahren gab es in England einen Mr. Pocock. Er war Lehrer an einer Schule in Bristol und dachte sich etwas Tolles aus : Pocock spannte mehrere aneinandergekettete Drachen vor seine Kutsche (auf Seite 92 siehst du, wie das gemacht wird). Der Wind blies das Gespann 200 km über Land. Pocock saß mit seinen Freunden in der Drachenkutsche, die bei starkem Wind eine Geschwindigkeit von 50 km in der Stunde erreichte. Ein Drachenboot gab es auch schon : der Amerikaner Cody ließ sich in einem kleinen Boot von einem Drachen über den Ärmelkanal schleppen. Wenn du noch nicht schwimmen kannst, machst du vielleicht lieber einen Drachenkampf mit deinen Freunden. Dieses Spiel gehört in Asien zu jedem größeren Volksfest. Vor allem in Thailand bläst während der drei Frühjahrsmonate ein kräftiger Wind. Während dieser Zeit finden viele Drachenkämpfe statt. Dabei stehen sich zwei Lager gegenüber : die « Papkaos » — sie haben einen langen Schwanz, sind leicht und wendig. Die « Chulas » dagegen sind schwerfällige, aber widerstandsfähige Drachen ohne Schwanz. Die Papkaos versuchen die Chulas mit einer Art Lasso einzufangen. An der Schnur der Chulas hängen aber Büschel von scharfkantigen Bambusblättern, an denen die Papkaos hängenbleiben sollen.

Bei den Drachenkämpfen in China und Korea wird ein Stück der Drachenschnur mit Glassplittern bespickt.

Mit dieser Säge versuchen die Gegner, sich gegenseitig die Schnur durchzuschneiden.

So sieht es bei einem
Drachenkampf auf dem
Kariyata-Fluß in Japan
aus.

Jumbo-Jet's Urgroß-vater

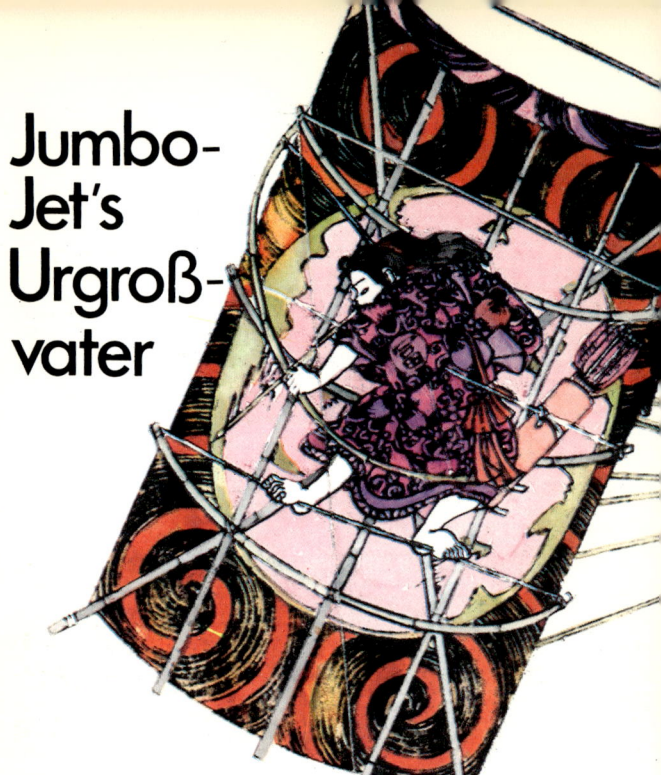

Die Geschichte von Ishikawa stammt aus Japan. Ishikawa war ein verwegener Dieb, der auch nicht davor zurückschreckte, den goldenen Delphin vom Dach der Pagode von Nagoya zu stehlen. Die Pagode war aber so streng bewacht, daß Ishikawa nur eine Möglichkeit hatte, an den Delphin zu kommen — durch die Luft.
In einer mondlosen Nacht halfen ihm seine Söhne, mit einem Drachen aufzusteigen. Plötzlich aber erhob sich ein Sturm, und der Drachen, an dem Ishikawa hing, flog so schnell, daß es dem Dieb nicht gelang, den goldenen Fisch vom Dach zu reißen. Alles, was er als Beute von seinem Raubflug mitbrachte, war eine goldene Delphinflosse.
Als sich der Sturm gelegt hatte und Ishikawa wieder auf dem Boden angekommen war, wurde er von den Tempelwächtern entdeckt, gefangengenommen und mußte die Tat mit einem gräßlichen Tod

Militärs richten ein Drachengespann zum Wind aus. Gleich heben sich die Drachen mit einem Kundschafter in die Luft.

büßen : er wurde in siedendes Öl getaucht.

In China geschah es auch zum erstenmal, daß sich ein Mensch von einem Drachon durch die Luft tragen ließ. Daraufhin verbot ein chinesischer Kaiser den Bau großer Drachen, die einen Menschen hätten tragen können. Sein Weissager hatte ihm nämlich prophezeit, daß ein Thronräuber vom Himmel herabkäme, um seiner Herrschaft ein Ende zu setzen.

Sicher haben alle diese Geschichten einen wahren Kern — aber im Laufe der Zeit kam auch viel Legende dazu. Wirklich wahr aber ist diese unglaubliche Geschichte :

Im Jahre 1830 lioß der Engländer Pocock seine Tochter Martha neunzig Meter hoch steigen. Martha saß dabei auf einem Sessel, den ihr Vater an einem Drachen befestigt hatte.

Mehr Beachtung jedoch erlangten die Höhenflüge des Mr. Baden-Powell. Am 27. Juni 1894 stieg

11

Baden-Powell in einer Gondel, die an einem sechseckigen Drachen von elf Meter Spannweite hing, drei Meter hoch. Weil er aber nicht von einem einzigen Drachen abhängig sein wollte, konstruierte Baden-Powell ein Jahr später den « Levitor ». Das war ein Gespann aus vier sechseckigen Drachen, die den Erfinder dreißig Meter über der Erde durch die Lüfte schweben ließen.

Wenig später, um 1900, ließ der Amerikaner Cody ein Drachengespann steigen. An der Drachenschnur schickte er einen Mann hoch.

Wie er das machte, steht auf S. 86. Dort erfahrt ihr auch, wie man « Piloten » nach oben befördert.

Zehn Jahre später war der Flug eines Menschen mit einem Drachen schon nichts Besonderes mehr. In vielen Ländern entstanden sogar Vereine für Liebhaber des Drachenflugs, und 1913 fand ein großer internationaler Wettbewerb in der belgischen Stadt Spa statt.

Auf Foto 1 und 2 steigen Kundschafter hoch in den Himmel. Schaut euch die beiden Drachengespanne mal genau an : es sind zwei verschiedene Typen.

12

Obwohl am Wettbewerbstag nur ein schwaches Lüftchen wehte, stiegen an einem Nachmittag mehrere Dutzend bemannte Drachen in die Höhe. 1914 begann der erste Weltkrieg, und aus dem Spiel mit den Drachen wurde Ernst: Die Armee setzte bemannte Drachen zur militärischen Aufklärung ein. Engländer, Russen, Franzosen und Italiener bildeten Leute allein für diesen Zweck aus. Die deutsche Armee hatte zu dieser Zeit ein Aufklärungsverfahren entwickelt, das an die Versuche des Amerikaners Cody erinnert: An dem Drachenkabel hing eine bemannte Gondel, die mit einer Handkurbel hochgezogen wurde. Der Mann in der Gondel konnte nun von oben herab feindliche U-Boote unter der Wasseroberfläche beobachten. Während des zweiten Weltkrieges nahmen die Deutschen diese Idee wieder auf. Doch nun hatte ihr Drachen drei Luftschrauben, und das ganze Ding nannten sie « Hubschrauber »...

Was Drachen alles können

Im Juni 1752 experimentierte der amerikanische Staatsmann und Wissenschaftler **Benjamin Franklin** mit Drachen, die Metallspitzen hatten und an einem Metallkabel hingen. Er wollte damit die Elektrizität in der Luft untersuchen. Ihr könnt euch sicher schon denken, was bei diesen Versuchen herauskam : Franklin erfand den Blitzableiter.

Im 19. Jahrhundert wurden Drachen für meteorologische Beobachtungen eingesetzt (« Meteorologie » ist dasselbe wie « Wetterkunde »).

Wie der Drachen zum Gleitflieger wurde

« Wenn ein Drachen eine Schraube hätte, die sich in der Luft wie eine Schiffsschraube im Wasser dreht, brauchte man noch einen Motor, um die Schraube anzutreiben... » Diese geniale Idee hat sicher viele Erfinder und Träumer gegen Ende des 19. Jahrhunderts beschäftigt. Clement Ader aber setzte als erster diese Idee in Wirklichkeit um. Am 9. Oktober 1890 hob sein Apparat, der wie der griechische Gott der Winde « Äolus » hieß, von der Erde ab, obwohl er schwerer war als die Luft. Dieser Flug war nach 50 m schon wieder zu Ende. Aber mit ihm begann ein neues Zeitalter, in dem Entfernungen zu schwinden begannen.

Während dieser Zeit machten in den Vereinigten Staaten die Brüder Wright Versuche mit Gleitfliegern. Diese Versuche endeten mit dem ersten Motorflug. Orville Wright startete in einem Drachen-Gleitflieger, der einen 16 PS-Motor und zwei Luftschrauben hatte. Das war am 17. Dezember 1903 in Kitty Hark.

Danach schritt die Entwicklung rasch voran und Flugapparate wurden technisch immer vollkommener. Blériot, Santos Dumont und viele andere wagten Flüge, die damals unglaublich schienen — und die Kinder dieser Erfinder fliegen heute schon wieder in Mach 2 - Flugzeugen. Und der Drachen ist wieder zum Spielgefährten geworden !

Mit diesem einfachen
Apparat, dem Delta-Plane,
ist beinahe der Traum des
Ikarus Wirklichkeit
geworden.

Der Flugsport mit dem
Delta-Plane hat in den
Vereinigten Staaten schon
viele Anhänger gewonnen.

Die Flugtechnik ist sehr
einfach : man startet,
indem man gegen den
Wind anläuft.
Die Flugdauer und die
Strecke, die man fliegen
möchte, bestimmt der
moderne Ikarus selbst : um
aufzusteigen, schiebt
man die Stange, die
von den Händen gehalten
wird, von sich weg, um
herunterzukommen holt
man sie zu sich heran.

Tips für Drachen- bauer

Alle Drachen
bestehen aus einem mit Stoff oder Papier bespannten Holzgestell. Direkt am Holzgestell hängt die kurze Halteschnur und an ihr wird die Drachenschnur befestigt. Diese Schnur wickelt ihr auf eine Haspel. Fast alle Drachen haben einen Schwanz.

Und das braucht ihr :
Bleistifte, ein Lineal mit Zentimeterskala, ein Winkelmaß, eine Schere, ein spitzes Taschenmesser, Zellulosekleister, eine Nähnadel, Nähgarn, dicke und dünne Schnur.

Die Bespannung ist fast immer aus Papier : Schreibpapier, Zeitungspapier, Kreppapier oder Packpapier in allen Stärken und Farben. Manche Drachen haben auch eine Stoffbespannung. Eines dürft ihr beim Drachenschmücken nicht vergessen : die Symmetrie. Ein Drachen besteht immer aus zwei gleichförmigen Hälften. Wenn ihr also das Papier in der Mitte faltet und aus diesem Doppelbogen die Form ausschneidet, die ihr haben wollt, erhaltet ihr zwei exakt gleichförmige Teile. Außerdem geht das Drachenbauen so einfacher.
Bevor der Drachen zum ersten Mal in die Lüfte steigt, klebt ihr auf die schwachen Stellen eures Drachens (Kanten, Ecken und Winkel) kleine Stücke Papier zur Verstärkung.

So vergrößert ihr unser Drachenmodell... :
● und erhaltet das Schnittmuster für die Bespannung des Drachens. Ihr zeichnet ein Gitter aus Quadraten mit jeweils fünf Zentimeter Seitenlänge auf einen großen Bogen Papier. Dann zählt ihr die Quadrate auf unserem Entwurf und übertragt sie — und damit die Umrisse des Drachens — auf euren Papierbogen. Dieses Schnittmuster wiederum übertragt ihr auf das in der Mitte gefaltete Drachenpapier und schneidet die Bespannung entlang der Umrisse aus. (Auf S. 18 seht ihr genau, wie man das macht.) Das Schnittmuster verwendet ihr auch für den Drachenschmuck. Ihr schneidet alle die Teile,

die ihr für die Dekoration braucht, aus, und überträgt sie dann auf das endgültige Dekorationspapier. Auch dies ist wieder in der Mitte gefaltet. Der Schmuck wird aus-

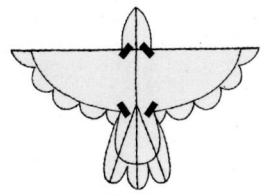

So wird die Bespannung verstärkt.

geschnitten und auf die Bespannung geklebt.
Zu jedem Drachen findet ihr eine genaue Bauanleitung : sie gibt euch Auskunft über Papierqualität, Stärke des Gestells, Form und Schmuck. Aber ihr könnt alle unsere Vorlagen beliebig vergrößern und verkleinern, vorausgesetzt, ihr beachtet die beiden wichtigsten Eigenschaften eines Drachens :

● **die Leichtigkeit :** je kleiner der Drachen ist, desto dünner muß das Papier sein (Krepp- oder Zeitungspapier), und desto sparsamer wird er beklebt. Dicke Papiersorten und aufgeklebte Riesenmotive sind den großen Drachen vorbehalten.

● **das Gleichgewicht :** die Hälften zu beiden Seiten der Längsachse des Drachens müssen symmetrisch sein. Es ist zwar möglich, nichtspiegelgleiche Drachen mit einwandfreiem Gleichgewicht zu bauen, aber das ist wirklich sehr schwer. Die Drachen, die wir euch hier vorschlagen, sind einfach und fliegen gern. Gut geeignet für **das Drachengestell** sind Bambusrohr oder stabile Holzlatten (beides bekommt ihr in Fachgeschäften für Gartenbedarf). Bei kleineren Drachen genügt ein Gestell aus Zierleisten. Ihr könnt auch Zweige von einem Haselnußstrauch, einer Weide, Pappel oder Eiche oder einem Kastanienbaum nehmen. Die Zweige müssen nur schön gerade und trocken sein.
Große Drachen erfordern ein Gestell aus ganzen oder längshalbierten Bambusstangen. Für das Gestell kleiner Drachen reicht das Viertel oder noch weniger einer Bambusstange. Die Stangen lassen sich leicht spalten.
Am besten sucht ihr Stangen von etwa zwei Zentimeter Durchmesser aus. Die Bambusstangen spaltet ihr von oben nach unten in zwei Hälften, und diese Hälften könnt ihr

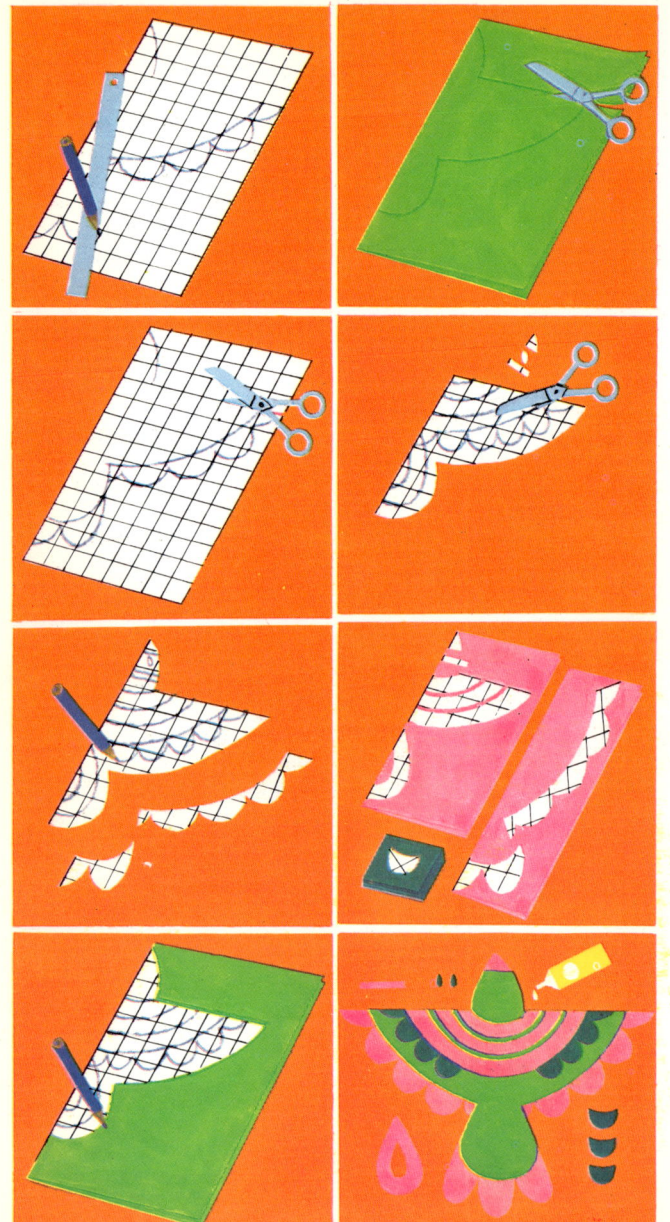

weiter teilen, bis ihr die gewünschte Stärke habt.

Kleiner Ratschlag : Eine gespaltene Bambusstange hat scharfe Kanten. Mit einem Heftpflaster um Daumen und Zeigefinger — bevor du dich geschnitten hast — kann nichts passieren.

So bringt ihr alles ins Gleichgewicht : Wollt ihr prüfen, ob eine Latte gut ausgewogen ist, kennzeichnet ihr die Mitte und legt sie mit diesem Punkt auf die Klinge des Taschenmessers. Das Drachengestell ist ein Kreuz mit Querleiste und Längsleiste. Eine gut ausgewogene Querleiste muß waagerecht auf der Klinge liegen. Die Längsleiste laßt ihr so einpendeln, daß das Schwanzende schwerer ist.

Wenn ihr den Drachen zusammengebaut habt, macht ihr einen Gleichgewichtstest : Ihr faßt den Drachen nur an der Halteschnur. Von der Längsachse aus gesehen, soll er sich weder nach rechts noch nach links neigen. Hängt er doch, belastet

ihr die leichtere Seite mit Papier oder kleinen Holzstücken, bis das Gleichgewicht hergestellt ist.

Wenn ihr den Drachen zusammenbaut befestigt ihr das Holzgestell immer auf der nicht verzierten Seite der Bespannung. Das Gestell kleiner Drachen braucht ihr nur zu kleben, aber markiert dazu die Lage des Gestells auf der Bespannung und bestreicht Holz wie Papier mit Leim, drückt beides zusammen und laßt den Leim ein paar Minuten trocknen.

Die großen Drachengestelle werden an dem Kreuzungspunkt der beiden Drachenlatten erst verleimt und dann mit Schnur fest umwickelt und verknotet. Danach verleimt ihr diese Wicklung noch einmal, damit sich die Schnur auch wirklich nicht mehr lösen kann. Wie ihr ein zusammengebundenes Holzgestell mit der Bespannung verbin-

Auf dem Bild links kannst du genau verfolgen, wie die Drachenmodelle vergrößert und beklebt werden.

det, erklären wir für jeden der größeren Drachen extra. Drachen mit nur geklebtem Gestell lassen sich besser verzieren, bevor ihr das Gestell mit der Bespannung zusammenmontiert. Die großen Drachen mit verschnürtem Gestell befestigt ihr aber an der Bespannung, bevor ihr euch an das « Gesicht » macht.

Der Schwanz : Für einen Drachenschwanz eignet sich am besten Kreppapier oder Einschlagpapier. Ihr wickelt das Papier zu einer dünnen Rolle auf und schneidet zwei bis drei Zentimeter breite Stücke ab — so als würdet ihr eine Wurst in Scheiben schneiden. Der Schwanz dient dazu, den Drachen einerseits waagerecht, andererseits aber auch leicht schräg gegen den Wind zu halten. Je stärker der Wind bläst, desto schwerer muß der Schwanz sein.

Wir geben für jeden Drachen eine ungefähre Schwanzlänge an. Aber beim Steigenlassen müßt ihr sie sicher je nach Windstärke verändern. Wenn sich der Drachen um sich selbst dreht, ist der Schwanz zu leicht, und ihr müßt ihn schwerer machen, indem ihr ihn verlängert.

Wenn der Drachen nicht aufsteigen will, ist der Schwanz zu schwer. Dann reißt ihr einfach ein oder zwei Papierstreifen ab. Für **die Halteschnur** könnt ihr normale dünne Paketschnur verwenden. Sie sollte mindestens zweieinhalbmal so lang sein, wie der Abstand zwischen ihren beiden Befestigungspunkten beträgt. Die Schnur wird am Holzgestell dort befestigt, wo auf unserer Zeichnung ein **x** ist. Durch einen Ring wird sie mit der Drachenschnur verbunden. An der Drachenschnur

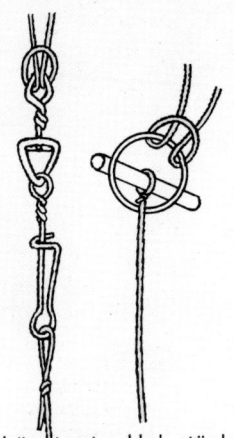

Halteschnur (obere Schnur) und Drachenschnur (untere Schnur) kannst du mit einem Haifischhaken oder einem Ring verbinden.

hängt ein Holzstückchen. Ihr braucht es nur durch den Ring zu stecken, und schon klemmt es sich dort ein. Halteschnur und Drachenschnur können auch durch einen sogenannten Haifischhaken miteinander verbunden sein (am besten einer mit Sicherheitsvorrichtung, beide Möglichkeiten seht ihr auf der Zeichnung). Dann könnt ihr die Drachenschnur schnell an- und abmachen.

Neigung des Drachens gegen den Wind: Der Punkt, wo die Halteschnur mit der Drachenschnur verbunden wird, bestimmt die Neigung des Drachens.

Diesen Neigungswinkel kann man leider nicht genau vorhersagen, aber ihr könnt ihn selbst leicht herausbekommen. Wenn

ihr den Drachen steigen laßt, verschiebt ihr den Ring auf der Halteschnur und tastet euch so an den idealen Winkel heran. Wenn der Drachen hin und her hüpft und einfach nicht steigen will, ist er zu wenig geneigt. Wenn er mit der Nase nach unten zurückfällt, ist die Neigung zu stark.

Wenn ihr den richtigen Punkt für die Befestigung der Drachenschnur gefunden habt, seid ihr schon richtige Drachenkenner. Diesen Punkt verändert ihr jetzt nicht mehr — alle weiteren Feineinstellungen nehmt ihr durch Veränderungen am Drachenschwanz vor.

Als **Drachenschnur** eignet sich normal dicke, aber sehr kräftige Paketschnur. Bei kleinen Drachen tut es auch einfacher Bindfaden. Damit sich die Schnur nicht verheddert wickelt ihr sie über die Haspel von Mutters Wäscheleine.

Ihr könnt euch aber auch selbst eine Haspel bauen — wie, steht auf S. 76. Ihr werdet sehen, daß alle diese Drachen ganz ein-

1 : So spaltet man Bambus.
2 : Hier wird das Drachenkreuz verbunden.
3-4 : Papierränder umschlagen und Bespannung festkleben.
5 : Das ist das Gestell.

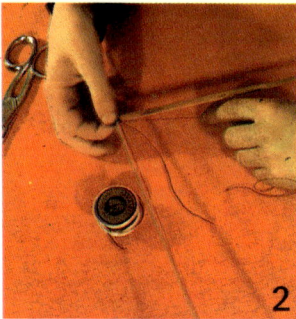

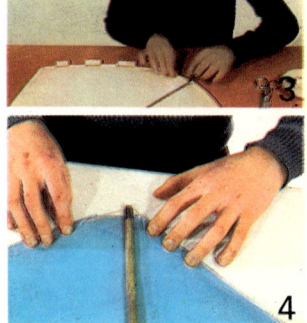

fach zu bauen sind und ohne weiteres fliegen. Wenn ihr noch nie einen Drachen gebaut habt, dann haltet euch lieber ganz genau an die Bauanleitung.

Den Drachenschmuck könnt ihr dann natürlich so machen, wie ihr wollt. Aber wenn ihr mit dem Drachenbau erst vertraut seid, sobald ihr das Verhältnis Bespannung — Gestell genau kennt und Kleinigkeiten verändern und einstellen könnt, dann baut euch den schönsten aller Drachen, einen, den ihr selbst erfunden habt. Zuerst fangen wir aber mit den einfachsten an.

Drachen aus Zeitungspapier

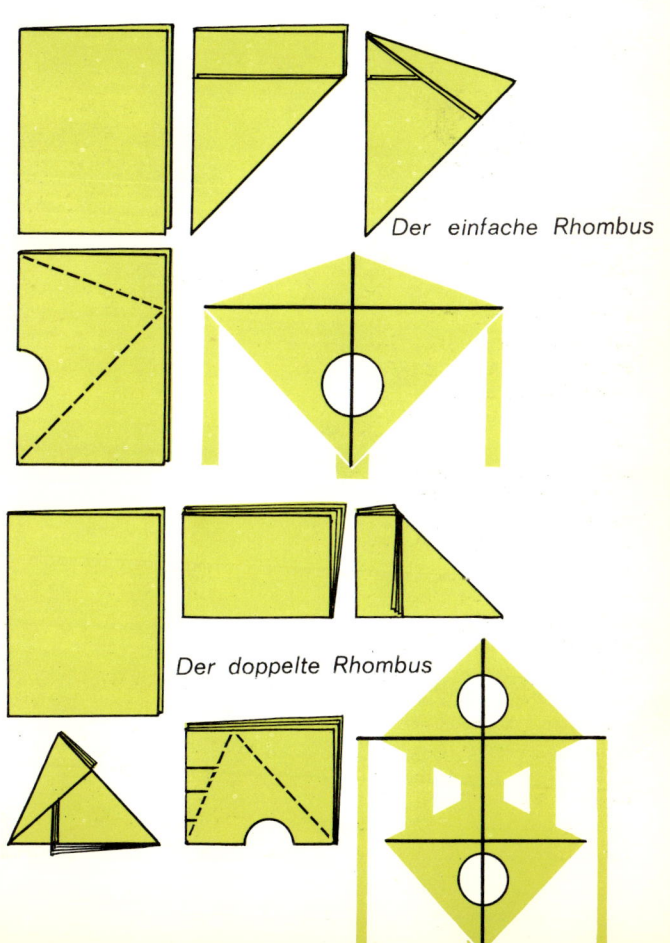

Der einfache Rhombus

Der doppelte Rhombus

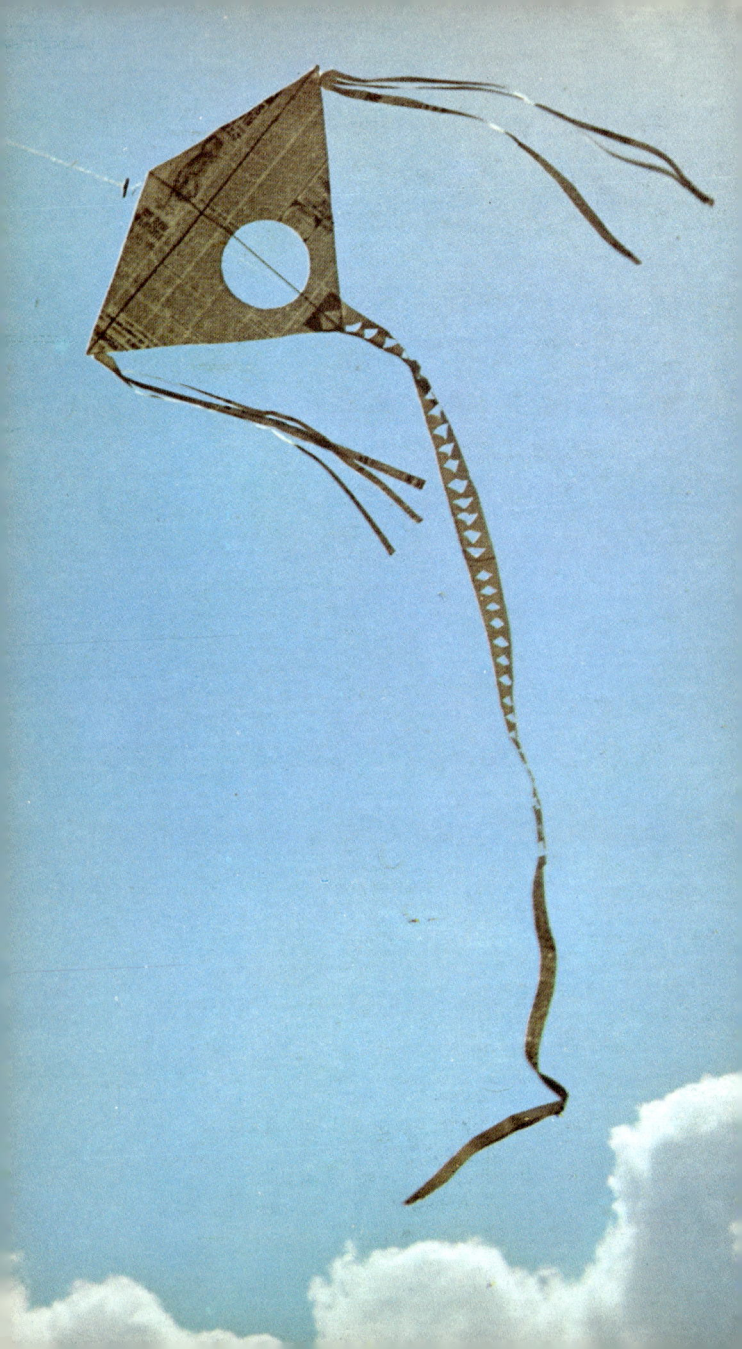

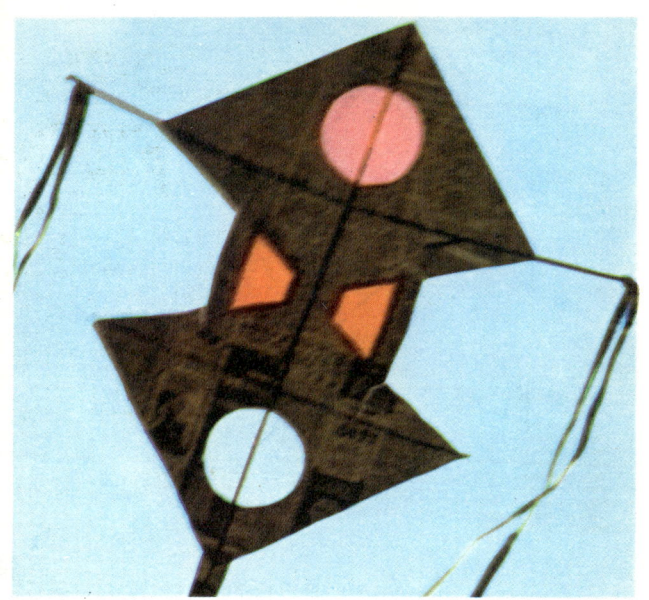

Die Bespannung kannst du dir einfach falten, Schnittmusterzeichnen fällt also weg. Du kannst ihm Fransen anhängen, ihn mit Girlanden schmücken, das Papier durchbrechen oder auch « Fenster » aus Seidenpapier oder Bonbonpapier auf die Bespannung kleben. Die Grundform läßt sich beliebig verändern, sie muß nur einfach und ziemlich klein bleiben.

Einfacher Rhombus

Gestell : Holzleisten von 3 × 2 mm,

Bespannung : Zeitung, die du so faltest, wie du es auf der Zeichnung S. 23 oben siehst.

Schwanz :
Ein 2 m langer, schmaler, durchbrochener Zeitungspapierstreifen. Auf jeder Seite flattern noch drei Papierstreifen.

Doppelter Rhombus

Gestell : Holzleisten von 3 × 2 mm. Die Querleiste steht auf jeder Seite 5 cm über.

Bespannung : Ein gefaltetes Zeitungsblatt (Zeichnung Seite 23 unten).

Vergiß nicht, bevor du die Vorlage überträgst, das Papier in der Mitte zu falten.

Der Kauz

Bespannung: Hier ist sie aus Zeitungspapier, du kannst sie aber auch aus Einschlagpapier machen. Der Kauz wird ganz echt,

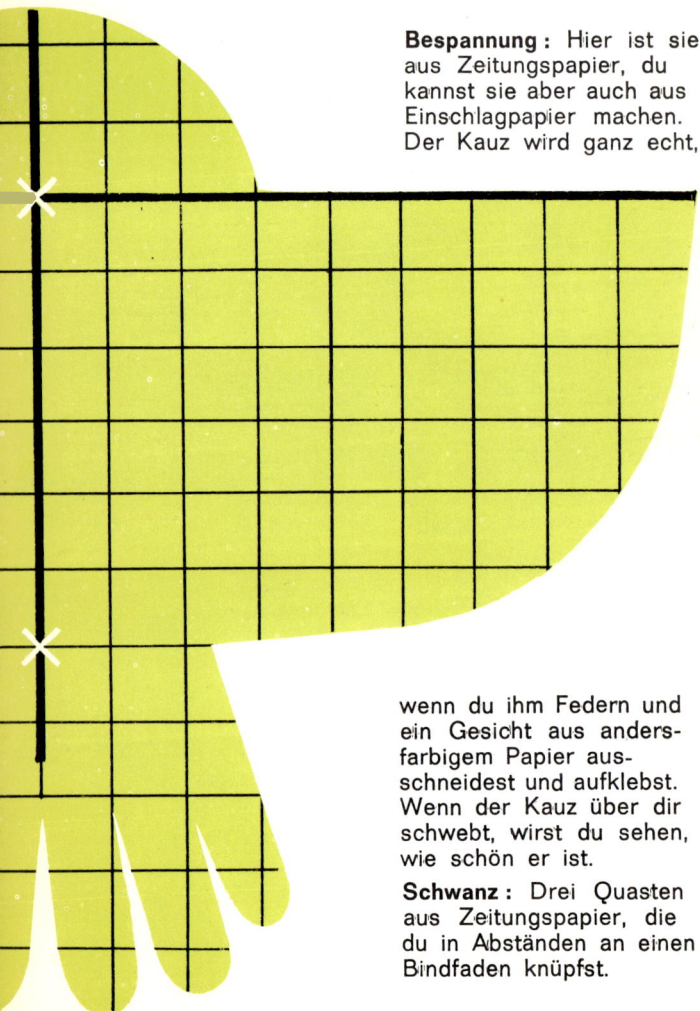

wenn du ihm Federn und ein Gesicht aus andersfarbigem Papier ausschneidest und aufklebst. Wenn der Kauz über dir schwebt, wirst du sehen, wie schön er ist.

Schwanz: Drei Quasten aus Zeitungspapier, die du in Abständen an einen Bindfaden knüpfst.

Flug-scheiben

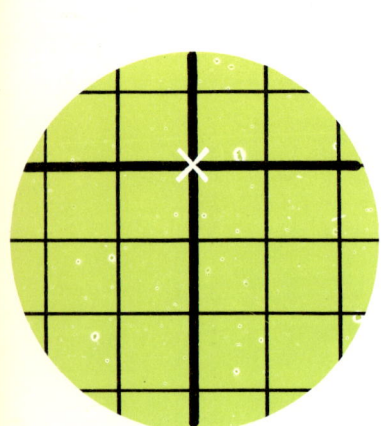

Die Blume

Bespannung: Du zeichnest einen Kreis und trägst in gleichmäßigen Abständen drei Halbmesser ein. So erhältst du die Blütenblätter. Die kerbst du am Rand ein — so wie auf der Zeichnung.

Schwanz:
Alle 15 cm knotest du eine Papierschleife an einen Bindfaden. Am Ende läßt du sechs Papierstreifen (1 cm breit und 2 m lang) flattern.

Der Fisch

Auch er ist eine Flugscheibe ; doch mußt du das Grundgestell mit zwei Schrägleisten verstärken, damit der Schwanz nicht umklappt. Den Rumpf machst du aus Glanzpapier, die Flossen und den Schwanz aus Kreppapier, denn das ist leicht und geriffelt wie eine Flosse. Als Schwanz klebst du auf eine zwei Meter lange Schnur sechs kleine Fische, von denen einer immer etwas kleiner als der nächste ist.

Flugscheiben

Wenn du mit uns deinen ersten Drachen baust, sind die Flugscheiben für den Anfang genau das Richtige. Sie haben keine Halteschnur, du brauchst also nichts einzustellen und befestigst die Drachenschnur direkt am eingezeichneten Punkt.
Willst du deinen Drachen schnell abmachen können, dann bringst du an der Stelle x einen Ring an. Darin verklemmt sich das Stück Holz, das du an die Drachenschnur gebunden hast (S. 21).
Eigentlich sind Flugscheiben ja kreisförmig. Aber natürlich könnt ihr auch andere Formen zuschneiden. Sie müssen nur etwa gleich groß und symmetrisch sein, wie z.B. ein

Oval, ein Sechseck, ein Quadrat oder ein Stern.

Blaßblauer und rosaroter Mond

Gestell : Holzleisten von 3 × 2 mm.
Bespannung : Leichtes, aber nicht zu weiches Papier : Briefpapier, dünnes Zeichenpapier, Einschlagpapier, Zeitungspapier.

Schwanz : Vier drei Meter lange Kreppapierstreifen.

Das Phantom

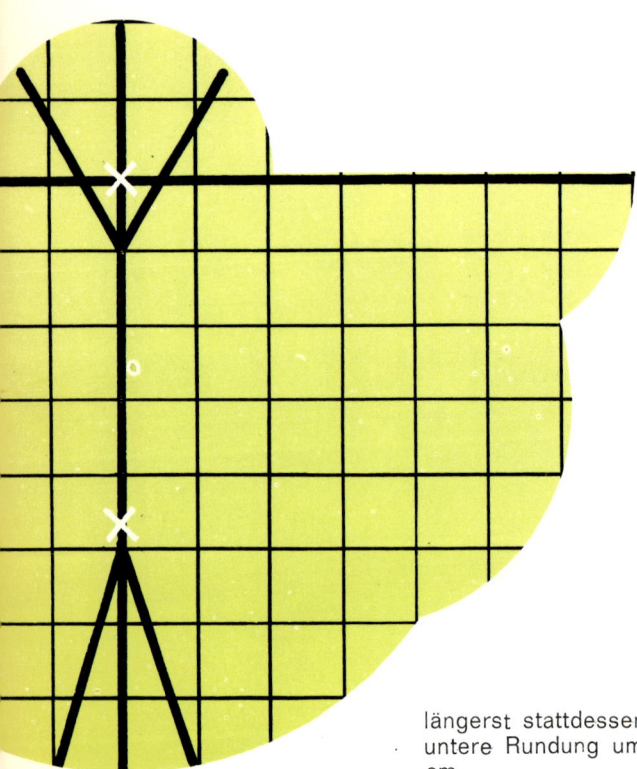

Dieser Drachen fliegt dir ganz von selbst aus der Hand. Du kannst ihn auf zwei Arten bauen : Entweder richtest du dich nach der Vorlage und hängst einen Schwanz an, oder aber du läßt den Schwanz weg und ver-

längerst stattdessen die untere Rundung um 15 cm.

Gestell : Quer- und Längsleiste : 4 × 3 mm.
Kopfleisten : 2 × 1 mm.
Schwanzleisten : 3 × 2 mm.

Bespannung : Kreppapier.

Schwanz : Drei 1 m lange Papierstreifen.

Fliegende Kästen

Achtung, jetzt kommt etwas ganz Neues. Hast du schon einmal etwas von Kastendrachen gehört? Kastendrachen haben eine Konstruktion, die sie viel widerstandsfähiger und unempfindlicher gegen Windböen macht.

Die Luftsäule

Du schneidest und faltest sie aus einem Stück Papier. Und schon hast du das wichtigste Teil, das einen Drachen zum Kastendrachen macht. So einfach geht der Rest: Für das **Gestell** brauchst du 2 × 1 mm starke Leisten. Du kannst sogar ganz dünne Zweige nehmen.

Bespannung : Schreibpapier, leichtes Zeichenpapier oder Einschlagpapier. Schau dir den Grundriß einmal genau an : Entlang dem dicken weißen Strich schneidest du mit der

Spitze eines Messers. Die gepunktete Linie wird einfach nur umgeknickt. Auf der Zeichnung kannst du erkennen, wo du die Teile zusammenkleben mußt.

Und das ist der ganze **Schwanz :** Vier 1 cm breite und 1 m lange Streifen.

Der fliegende Fisch

Er ist größer als die Luftsäule, wird aber sonst ganz ähnlich gebaut. Neu sind die Flügel ; auf der

Zeichnung siehst du, wie du sie zusammenklebst.

Gestell : Leisten von 3 × 2 mm.

Bespannung : Dünnes Zeichenpapier oder Einschlagpapier.

Schwanz : Fünf 2 m lange Streifen.

Ein richtiges Flugzeug

Zwei angesetzte Flügel machen den Drachen flugsicher. Mit ihm kannst du « Piloten » hochschicken (mehr darüber auf S. 86). Das brauchst du, um dein Flugzeug zu bauen und zu starten :

Gestell : Quer- und Längsleiste von je 4 × 3 mm, Leisten für die Flügel von je 3 × 3 mm, Schrägleisten von 2 × 2 mm.

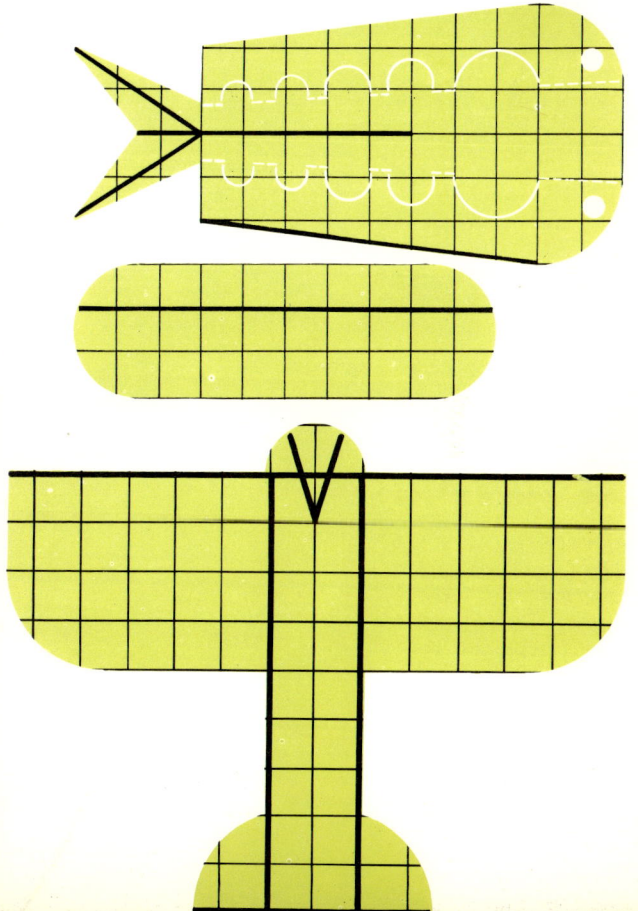

Bespannung : Aus Zeichen- oder Packpapier. Denke auch daran, daß du « Fenster » ausschneiden und Transparentpapier dahinter kleben kannst. Die Flügel sind zwei Rechtecke von 10 × 20 cm ; auf den kurzen Seiten rechnest du noch 1,5 cm zum Festkleben hinzu.

Schwanz : Drei breite, 2 m lange Papierstreifen.

Vogeldrachen

Vogeldrachen müssen sehr leicht sein. Klebe deinem Vogel das Gefieder nicht so dicht, und nimm leichtes Papier dazu. Einen Teil der Bespannung machst du aus festem, aber leichtem Zeichen-, Glanz oder Einschlagpapier. Der Rand der Flügel und der Schwanz werden am schönsten mit Kreppapier. Das Kreppapier klebst du von hinten auf die Bespannung, daß es das feste Papier 1 cm überlappt. Der Kreppapierrand ist etwas empfindlich und kann schon mal einreißen, wenn dein Vogel viel fliegt — und das soll er ja. Aber du kannst ihn verstärken, wenn du einen Faden am Rand entlang klebst.

Die Stabilität des Vogels läßt sich noch verbessern, indem du ein Stück dünne Schnur von einer Flügelspitze (das ist das Ende der Querleiste) zur anderen spannst. Dadurch biegen sich die Flügel leicht nach oben, und der Vogel fliegt noch besser.

Ein Vogeldrachen ist ein echter Luftbewohner und steigt schnell auf. Sicher werden seine echten Artgenossen ganz schön neugierig auf den Fremdling sein, wenn er am Himmel schwebt.

Der Kolibri

Gestell : Quer und Längsleisten sind 3 × 2 mm, die Schrägleisten 2 × 1 mm stark. Laß' die Längsleiste als Schnabel vorne überstehen. Etwas Farbe ist sicher auch noch dafür da.

Schwanz : Auf jeder Seite befestigst du drei 1,5 cm breite und 1 m lange Streifen.

Möwe und Kolibri

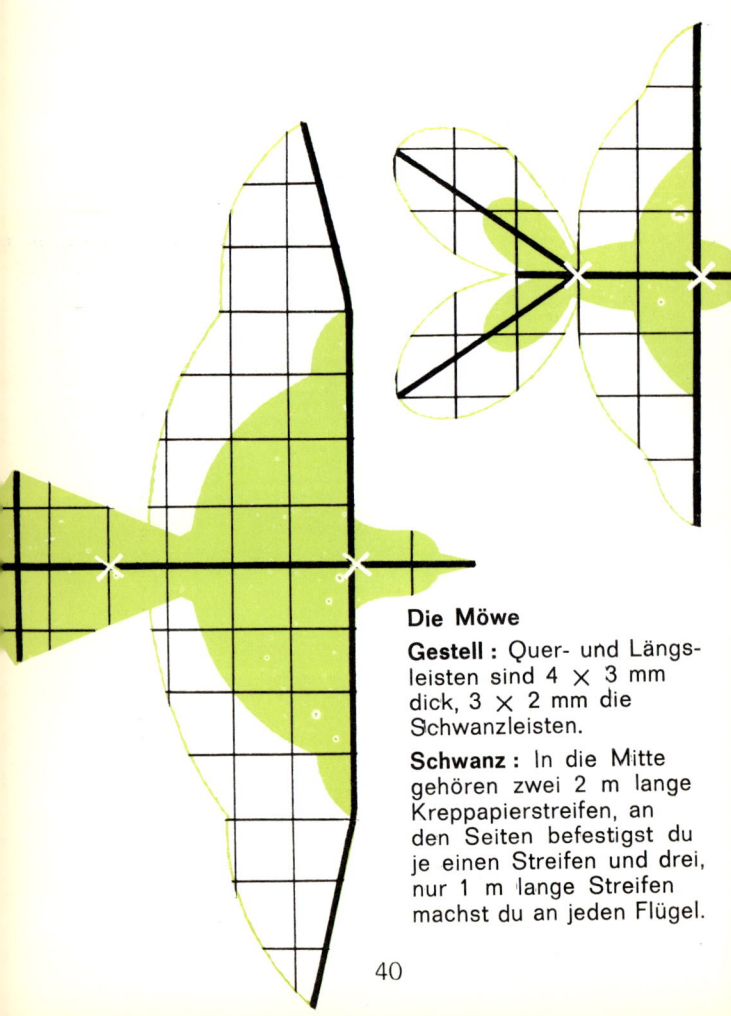

Die Möwe

Gestell : Quer- und Längsleisten sind 4 × 3 mm
dick, 3 × 2 mm die
Schwanzleisten.

Schwanz : In die Mitte
gehören zwei 2 m lange
Kreppapierstreifen, an
den Seiten befestigst du
je einen Streifen und drei,
nur 1 m lange Streifen
machst du an jeden Flügel.

Der
Märchen-
vogel

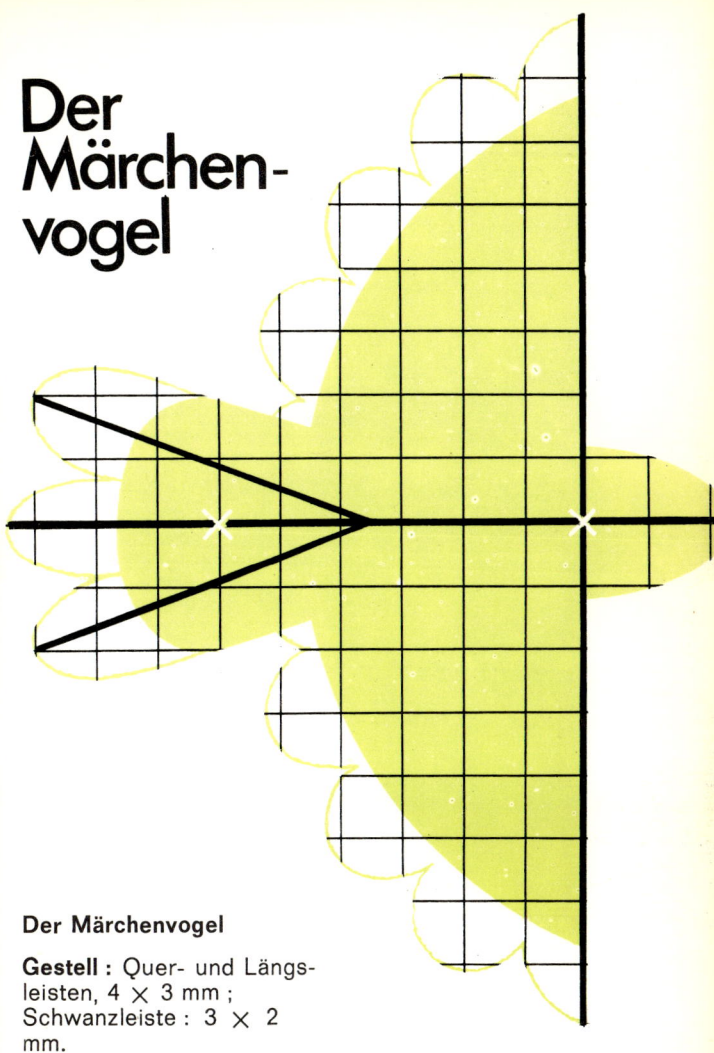

Der Märchenvogel

Gestell : Quer- und Längsleisten, 4 × 3 mm ;
Schwanzleiste : 3 × 2
mm.

Schwanz : 2 m lange
Kreppapierbänder, zwei
in der Mitte, eins an jeder
Seite. An jedem Flügel
flattern drei 1 m lange
Kreppapierstreifen.

Der Fasan

Gestell : Quer- und Längsleisten von 3 × 2 mm ; Kopf- und Schwanzleisten von 2 × 1 mm.

Bespannung : Entlang des vorderen Flügelrandes rechnest du 1 cm für den Saum hinzu, der die gebogene Querleiste am Platz halten soll.
Die Querleiste befestigst du, indem du sie auf die im Plan eingezeichnete Linie klebst. Praktischerweise beginnst du in der Mitte und klebst von dort aus erst die eine und dann die andere Seite stückweise fest. Dabei kannst du die Leiste vorsichtig umbiegen, um gleich den Saum, den du vorher keilförmig eingeschnitten hast, über die Leiste auf dem Papier festzukleben.

Schwanz : Acht 1 cm breite Papierbänder. Die mittleren 2 m lang, die seitlichen Streifen etwas kürzer. So zieht dein Fasan einen prächtigen Schweif hinter sich her.

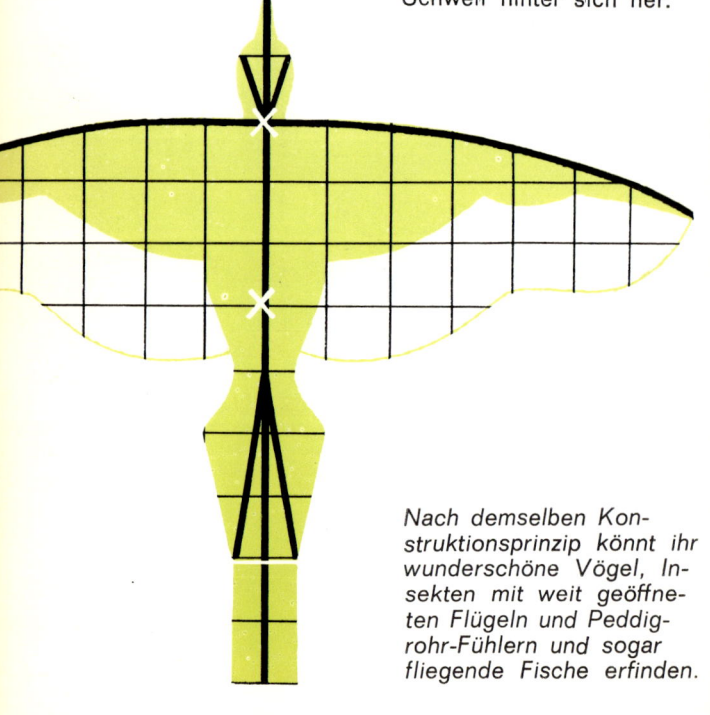

Nach demselben Konstruktionsprinzip könnt ihr wunderschöne Vögel, Insekten mit weit geöffneten Flügeln und Peddigrohr-Fühlern und sogar fliegende Fische erfinden.

König der Lüfte

Dieser große Drachen gleicht einem Königsadler. Er ist robuster als die anderen Vögel. Daher braucht er auch eine stärkere Brise und einen kräftigen Auftrieb unter den Flügeln, um aufzusteigen.

Dafür spannst du von einem Flügelende zum anderen einen dünnen Bindfaden und ziehst ihn so fest, daß sich die Querleiste leicht nach oben biegt. Je stärker der Wind bläst, desto ausgeprägter muß die Biegung sein.

Gestell : Quer- und Längsleisten von 4 × 3 mm, Schwanzleisten von 3 × 2 mm, Kopfleiste von 2 × 1 mm.

Als **Bespannung** genügt leichtes Zeitungspapier, das besonders schön aussieht, wenn du es bemalst und lackierst.

Für den vorderen Flügelrand mußt du beim Ausschneiden 1,5 cm Saum hinzurechnen. Der Saum gibt der gebogenen Querleiste Halt. Du kennst das schon vom « Fasan » ! Wenn nicht, blättere zurück auf S. 44.

Schwanz : Drei 2 m lange Papierstreifen.

Ein Drachen für vier

Der Drachen hier unten hat einen 26 m langen Schwanz und wird genau so gebaut wie die Modelle, die wir auf den folgenden Seiten beschreiben.

Himmels-schlangen

Mit den Himmelsschlangen wirst du zum Drachenfachmann, denn mit ihnen beginnen wir die Reihe der Drachen, die kein geklebtes, sondern ein gebundenes Gestell haben. Da mußt du beim Basteln etwas aufpassen und ziemlich genau arbeiten.

Die rote Riesenkobra

Das Gestell besteht aus einer Längsleiste von 8 × 4 mm oder einem halbierten Bambusstab von 8 mm Stärke.

Die Querleiste wird 6 × 4 mm. Für den Kreisbogen mimmst du eine biegsame, 175 cm lange Latte, die in der Mitte 6 × 4 mm stark, zu den Enden hin aber gleichmäßig schmaler werden soll, so daß sie zum Schluß nur noch 3 × 2 mm stark ist. Die lackierte Seite des Bambus zeigt nach außen. An der Längsseite bindest du unten die untere Querleiste und oben die obere Querleiste jeweils in der Mitte fest. Danach biegst du die Enden der oberen Querleiste auf die Enden der unteren Querleiste herunter. Damit ist der Kreisbogen geschlossen. Der Bogen muß nicht genau so verlaufen wie auf der Zeichnung, wichtig aber ist, daß er symmetrisch wird.

Als **Bespannung** besorgst du dir festes Einschlagpapier. Lege das Gestell auf den Papierbogen und zeichne die Drachenform auf. Nun kannst du das Gestell wieder beiseite legen und die Form plus ein Zentimeter Rand für den Saum ausschneiden. An den Ecken und entlang der Rundung schneidest du den Rand für den Saum keilförmig ein. Jetzt kannst du das Gestell wieder auf die Bespannung legen. Bestreiche den Rand mit Kleb-

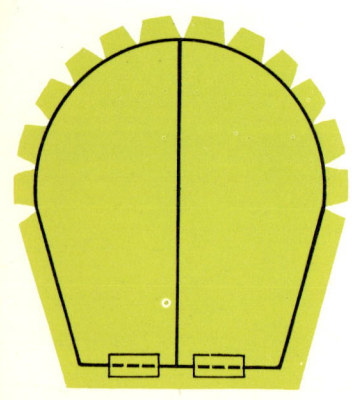

stoff und klebe ihn über die Leiste herüber auf dem Papier fest.
Den unteren Rand kannst du so lassen, wie er ist. Nur auf die untere Querleiste klebst du zwei kleine Papiervierecke.
Wenn der lange **Papierschwanz** im Wind flattert, hörst du ein Geräusch, das wie das Zischen einer Schlange klingt. Je länger der Schwanz ist, desto besser raschelt er. 15 Meter Kreppapier sind aber genug, sonst wird er zu schwer.

Diese Brillenschlange beißt nicht

Gestell: Längsleiste 4 × 3 mm, Querleiste 3 × 2 mm, Kreisbogen 3 × 2 mm auf 70 cm Länge. Wie bei der Kobra bindest du die Querleisten an den Enden der Längsleiste fest.
An beiden Enden der oberen Querleiste befestigst du je einen Bindfaden und spannst damit die Querleiste zu einem Bogen. Er sollte etwa dieselbe Krümmung wie auf dem Plan haben.

Bespannung: Kreppapier oder leichtes Einschlagpapier.

Den **Schwanz** aus Kreppapier trägt sie auch noch, wenn er 10 m lang wird.

Die harmlose Natter

Diese winzigkleine Schlange (sie ist auf dem Foto nicht zu sehen) fliegt genau so gut wie ihre größeren Schwestern, ist aber noch einfacher und schneller zu bauen, denn der Kopf

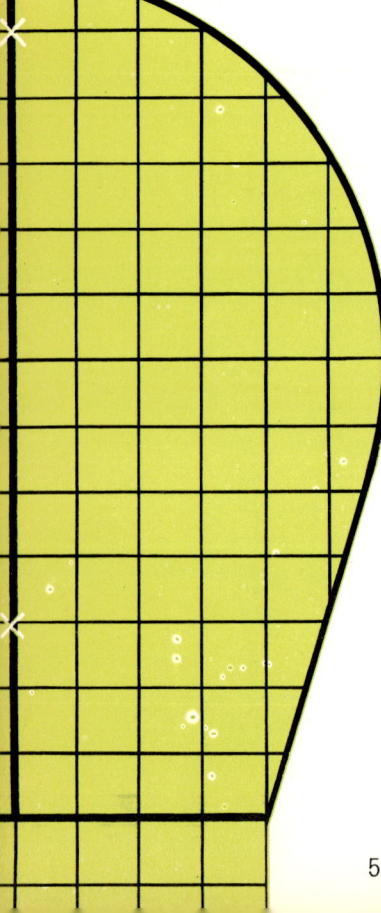

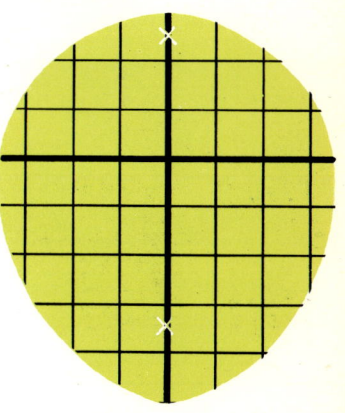

besteht aus einer einfachen Flugscheibe.

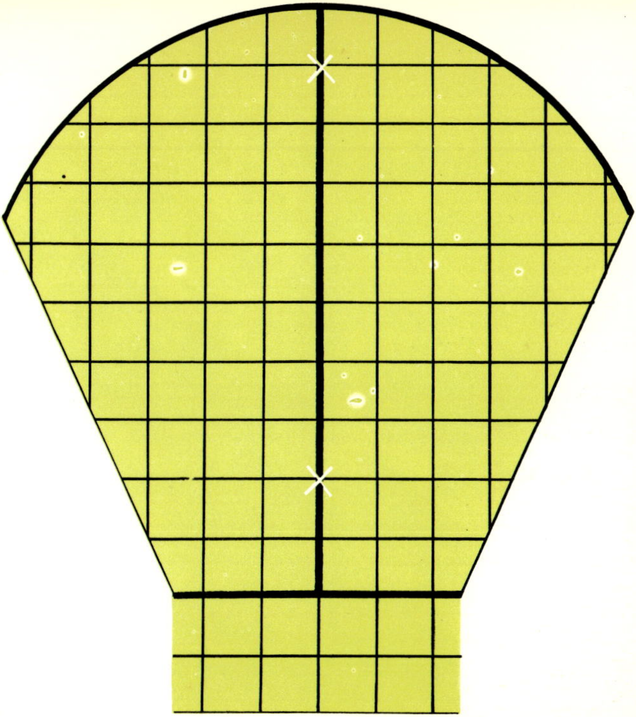

Gestell: Drachenkreuz aus 3 × 2 mm starken Leisten, am Kreuzungspunkt geklebt.

Bespannung: Festes Einschlagpapier oder Zeichenpapier.

Schwanz: Aus Kreppapier und 7 m lang.

Der Bananen- vogel

Unserem Vogel stand ein Drachen aus Polynesien Pate, der mit 3,30 m Flügelspannweite und einem Federkleid aus den Blättern einer Bananenstaude für dich wohl recht unhandlich wäre.
Wir haben ihn etwas verkleinert, damit du den exotischen Vogel nachbauen kannst.

Gestell : Die Leiste von einer Flügelspitze zur anderen mißt 163 cm. Zu den Enden hin sollte sie etwas dünner als in der Mitte sein, so daß sie an den Spitzen nur noch 3 × 3 mm stark ist. Die anderen Leisten messen 4 × 3 mm. Die Flügelleiste läßt sich gut biegen, wenn du sie fünf Minuten in Wasser tauchst und anschliessend über einer brennenden Kerze krümmst. Die Krümmung kannst du ja zwischendurch mit der

Vorlage der Zeichnung vergleichen.

Aus festem Einschlagpapier machst du eine solide **Bespannung**. Am vorderen Rand mußt du beim Ausschneiden 1 cm für den Saumumschlag hinzurechnen. Besonders sorgfältig solltest du die Biegung an den Flügelspitzen zeichnen, denn diese Markierung dient dir später als Richtlinie für die Flügelleiste.

Damit der Drachen gut ausgewogen ist, müssen beide Biegungen genau spiegelgleich verlaufen. Bist du mit dem Gestellbauen und der Zeichnung fertig, dann kannst du das Gestell auf die Bespannung kleben.

Zuerst die Längsleiste, dann die Schwanzverstrebung und die Querleiste für die Flügel. An den Biegungen schneidest du den Randstreifen keilförmig ein und klebst ihn fest.

Die Halteschnur ist an drei Punkten festgemacht: Zuerst knüpfst du die Schnur an den beiden oberen Punkten an.

Mit einem dünnen Bindfaden gibst du den Flügeln ihre Spannung. Du bringst ihn je 50 cm von der Längsachse entfernt auf der Rückseite der Flügelleisten an. Je stärker der Wind wird, desto stärker sollten die Flügel gespannt sein.

Die Eule aus Thailand

Dieser Drachen ist so leicht, daß er auch mit wenig Wind zufrieden ist. Einmal oben, bleibt er bewegungslos am Himmel

stehen. Die Halteschnur ist bei ihm durch eine bewegliche « Tragfläche » ersetzt, mit der er direkt an der Drachenschnur hängt.

Bespannung : Längs- und Querleisten von 4 × 3 mm, Leisten für Kopf und Schwanz von 3 × 2 mm. Du klebst zuerst Längs- und Schwanzleisten zusammen, die Querleiste kommt zuletzt.

Bewegliche « Tragfläche » : Die gerade und die gebogene Leiste sind 3 × 2 mm stark. Für den Bogen kannst du statt Bambus genau so gut auch Peddigrohr verwenden. Das Papier schneidest du passend zu und rechnest auf allen Seiten 1 cm für den Saumumschlag dazu. Den Saum schneidest du keilförmig ein, klebst ihn fest und versteckst den ausgezackten Umschlag unter einem gebogenen und aufgeklebten Papierstreifen, der zusätzlich direkt am Tragflächenrand aufgeklebt wird.

Mit einer für Papierdrachen etwas ungewöhnlichen Technik, nämlich mit Nadel und Faden, nähst du nun die Tragflächen an die Längsleiste. Doch mache nur an den Enden ein paar Stiche und ziehe den Faden um die Leiste. Nicht zu fest, er soll ja als bewegliches Scharnier dienen.

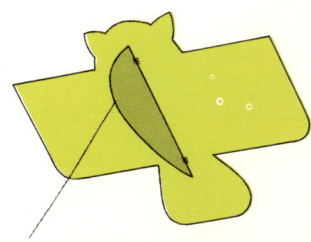

59

Der Vogelmensch

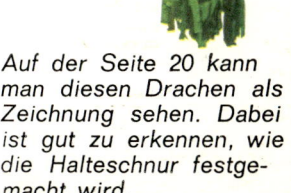

Man sieht es ihm zwar nicht gleich an, aber das Bauprinzip dieses Drachens ist dem der Vogeldrachen ganz ähnlich. Doch ist er schwerer als die Vögel, denn bei ihm ist der Flügelrand aus Kreppapier. Um den Vogelmenschen leichter zu machen, kannst du ihm « Fenster » ausschneiden, die wie Federn aussehen. Dahinter klebst du buntes Transparentpapier. Kannst du dir vorstellen, wie toll das aussieht?

Das **Gestell** besteht aus Quer- und Längsleiste: 4 × 3 mm, Schrägleisten für den Schwanz: 3 × 2 mm, Schrägleisten für den Kopf: 2 × 1 mm.

Bespannung : Festes Einschlagpapier.

Schwanz : Zwei Quasten, die an einem dünnen Bindfaden hängen, eine in 70 cm Abstand, die andere noch 30 cm weiter.

Auf der Seite 20 kann man diesen Drachen als Zeichnung sehen. Dabei ist gut zu erkennen, wie die Halteschnur festgemacht wird.

Der Halb-
mond
der Isis

Weißt du, woher die Vor-
gänger dieses Drachens
eigentlich stammen? Aus
Hawaii, aber wegen sei-
ner Form haben wir ihn
nach dem Halbmond der
Göttin Isis genannt. Der
Halbmond war eines der
Kennzeichen dieser alt-
ägyptischen Göttin. Als
Bespannung eignet sich
lackiertes Japan-Papier.
Als **Gestell** brauchst du
eine Leiste für den Kreisrand: 4 × 2 mm und 160
cm lang; eine Leiste für
den inneren Bogen: 3 ×
2 mm und 55 cm lang und
Quer- und Längsleisten:
4 × 3 mm.
Biege die lange Leiste zu
einem Kreis und binde
die beiden Enden fest
zusammen. Danach be-
streichst du die Leiste mit
Klebstoff und drückst sie
auf das Drachenpapier.
Jetzt zu den inneren Ver-
strebungen: Beide Enden
der Querleiste sollen
etwas über den Kreisrand
herausstehen, dann läßt

sie sich ganz leicht an
diesen Punkten befesti-
gen. Dazu brauchst du
Nadel und Faden, denn
du mußt durch das Papier
hindurchstechen können.
Nun klebst du den inne-
ren Bogen auf. Als letztes
befestigst du die kurze
Längsleiste. Den auf un-
serer Zeichnung weißen
Teil schneidest du heraus.
Schwanz: Vier 4 m lange
Papierstreifen.
Diesmal gibt es zwei **Hal-
teschnüre.** Sie haben auf
unserer Zeichnung drei
mit **x** markierte Befesti-
gungspunkte. Zuerst
knüpfst du die untere
Halteschnur an die beiden
unteren x-Punkte. Die
obere Schnur wird auf der
Mitte der unteren Halte-
schnur und an dem x-Punkt
oben auf dem Kreisrand
festgemacht.

Das Hexagon

Das Sechseck hier unten ist aus Stoff : Die Schnur läuft durch die sechs Säume der Außenseiten ; die Stäbe sitzen in Taschen, die — auf die sechs Ecken verteilt — aufgenäht sind.

Das Hexagon hat mit Hexen nichts zu tun. Ein Hexagon ist ein Sechseck, und der sechseckige Drachen gehört zu einer Reihe klassischer Drachenmodelle, die alle eine geometrische Form haben und nach dem gleichen Prinzip gebaut werden.

Gestell : Drei stabile Holzleisten oder Bambusstäbe, 10 × 4 mm stark. Der Querstab ist dann 75 cm lang. Länge der Schrägstäbe 90 cm. Jeweils 1 cm vor den beiden Enden jedes Stabes, kerbst du das Holz ringsum ein.

In dieser Kerbe bekommt die Schnur, mit der du später die Stabenden zu einem Sechseck verspannst, einen festen Halt. Vorläufig bindest du die drei Stäbe in ihrer Mitte zusammen. Die beiden Schrägstäbe können mehr oder weniger gespreizt sein — für die Rundum-Verspannung nimmst du dünnen Bindfaden. Du beginnst an einem Ende und legst um jede Einker-

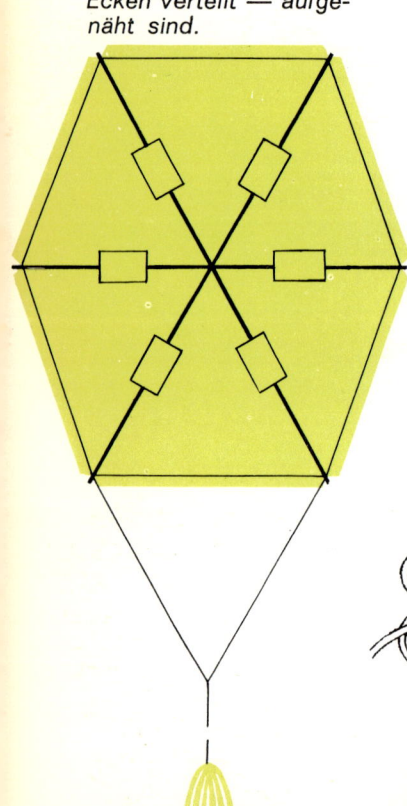

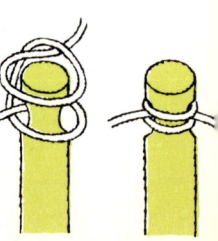

bung eine verknotete Schlinge.

Bespannung : Festes Einschlagpapier. Du legst das Gestell auf die linke Seite des Papiers. Wenn das Gestell aus Bambus ist, mit der lakkierten Seite nach unten. Nun zeichnest du die Form des Drachens auf das Papier auf, und schneidest es rundherum mit 1,5 cm Zugabe für den Saum aus. Vergiß auch die Einschnitte an den sechs Ecken nicht! Jetzt legst du das Gestell auf die Bespannung zurück, schlägst den Saum über die Schnur und klebst ihn fest. Über jede der sechs Speichen klebst du noch zusätzlich ein kleines Stück Papier, damit Bespannung und Gestell besser zusammenhalten. Aus einem 4 m langen und 6 cm breiten Kreppapierstreifen kannst du einen hübschen **Drachenschwanz** machen, wenn du das Papier der Länge nach in der Mitte knickst, und nicht ganz bis zu dem Knick hin einschneidest.

Die Halteschnur besteht hier aus drei Schnüren. Sie wird an den oberen Enden der Schrägleisten und am Mittelpunkt des Drachens befestigt.

Die Birne

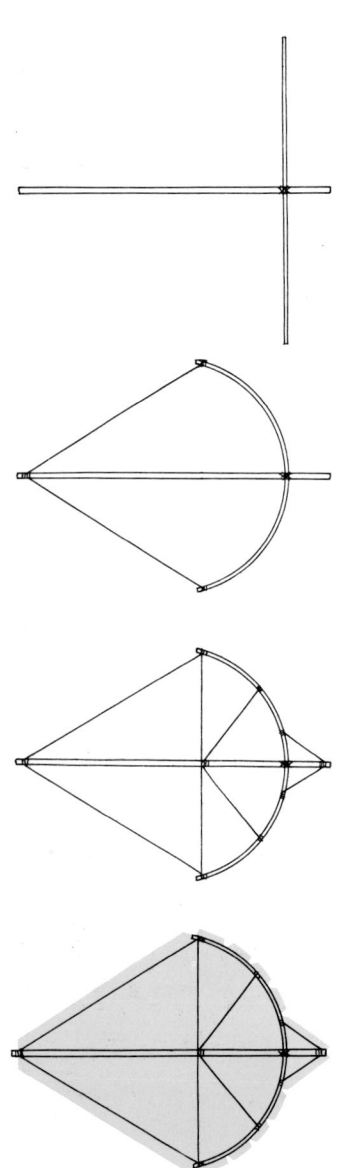

Diese herkömmlichste aller Drachenformen findet ihr auf vielen Bildern des 18. und 19. Jahrhunderts wieder.

Mit der Birne habt ihr einen leichten Drachen, der sehr gut fliegt. Aber guckt euch erst mal an, wie er gebaut wird!

Gestell: Die Längsachse besteht aus einem Bambusstab mit 8 mm Durchmesser, der Bogen aus einer 75 cm langen Leiste, die in der Mitte 5 × 3 mm stark, sich zu den beiden Enden hin gleichmäßig auf 2 × 2 mm verjüngen sollte. Binde die Mitte des Querstabes auf dem Längsstab fest, der Querstab soll den Bogen bilden. Mit einer Schnur an beiden Enden, kannst du zuerst die eine und dann die andere Seite herunterspannen, bis ein symmetrischer Bogen entstanden ist. Er muß nicht unbedingt mit unserer Kurve übereinstimmen. Bleibt noch die Schnurverspannung aus einer Querschnur für den Bogen und zwei Schnüren für die spitze Birnennase.

Bespannung: Du kannst Kreppapier oder leichtes Einschlagpapier nehmen. Mach deinen Drachen nicht zu schwer! Gestell und Bespannung verbindest du genau so

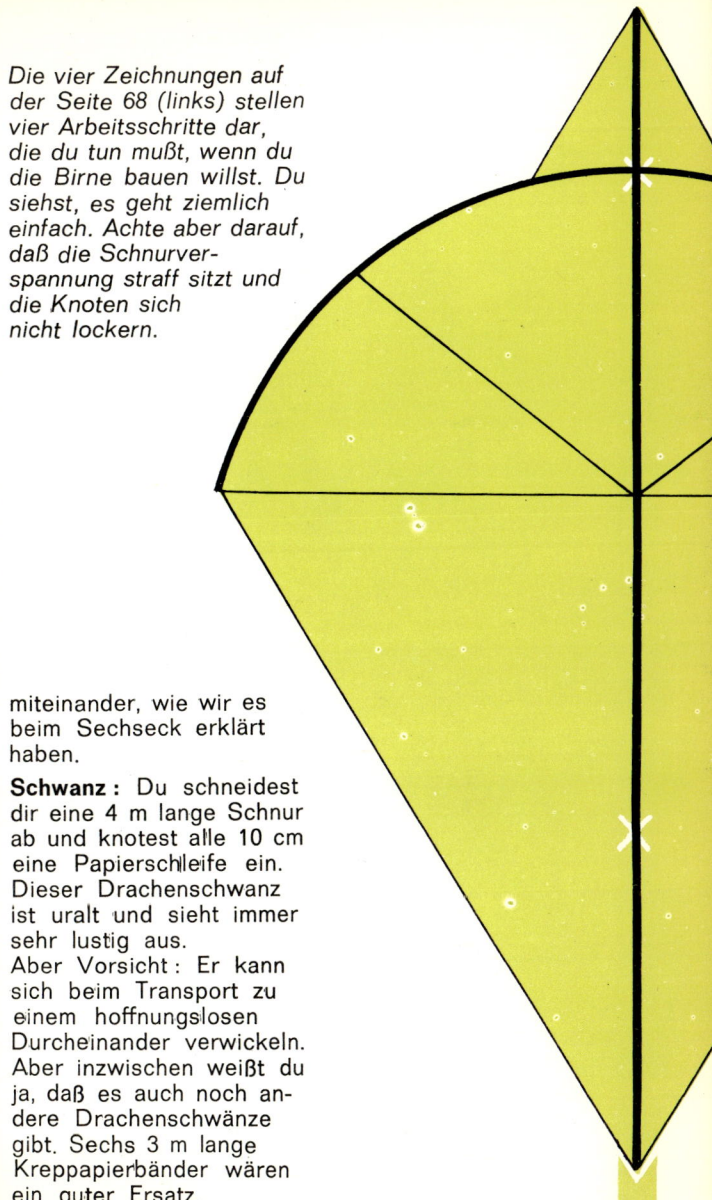

Die vier Zeichnungen auf der Seite 68 (links) stellen vier Arbeitsschritte dar, die du tun mußt, wenn du die Birne bauen willst. Du siehst, es geht ziemlich einfach. Achte aber darauf, daß die Schnurverspannung straff sitzt und die Knoten sich nicht lockern.

miteinander, wie wir es beim Sechseck erklärt haben.

Schwanz : Du schneidest dir eine 4 m lange Schnur ab und knotest alle 10 cm eine Papierschleife ein. Dieser Drachenschwanz ist uralt und sieht immer sehr lustig aus.
Aber Vorsicht : Er kann sich beim Transport zu einem hoffnungslosen Durcheinander verwickeln. Aber inzwischen weißt du ja, daß es auch noch andere Drachenschwänze gibt. Sechs 3 m lange Kreppapierbänder wären ein guter Ersatz.

Fliegender Indianer

Er ist der erste der Stoffdrachen. Doch könntest du ihn genauso gut aus dickem Einschlagpapier bauen. Als erstes wird wieder ein **Gestell** gebaut: Die Längs- und

Querleisten schneidest du aus Bambusstangen mit 8 mm Durchmesser, die Längsverstrebung aus halben Bambusstangen gleichen Durchmessers. Die Querverstrebung ist 5 × 3 mm stark. Die Querleiste sollte an beiden Enden 2 cm über die Bespannung hinausstehen. Nun schaffst du einen Platz für den Ring: du spaltest die Spitze der Leiste und schiebst den Ring in diesen Spalt, umwickelst das gespaltene Ende wieder mit Schnur und streichst noch Klebstoff außen herum. So kann der Bambus nicht weiter aufsplittern, und auch der Ring ist festgeklemmt.

Jetzt legst du dir das Hauptgestänge zurecht, befestigst Ringe an den Enden und bindest die Leisten oben zusammen. Danach wird noch die Querleiste festgebunden. **Bespannung:** Du faltest deinen Stoff in der Mitte und schneidest die Drachenform plus 3 cm Saum oben und 1,5 cm Saum für die beiden restlichen Seiten aus. Die Säume mit 1,5 cm Rand nähst du um. Auf der Rückseite markierst du die Stellen, wo die senkrechte Leiste und die beiden schrägstehenden Bambusstangen hinkommen. Für die

Enden dieser drei Leisten nähst du unten drei kleine Taschen in den Saum. Damit die Leisten nicht verrutschen, kannst du zusätzlich in der Mitte der Bespannung für jede Leiste einen kleinen Tunnel nähen. Jetzt nähst du von rechts, und zwar oben an die beiden äußeren Stoffenden, einen Stoffriegel, durch den du vorher einen kleinen Metallring (z.B. einen Gardinenring) gezogen hast. Die Zeichnung auf S. 74 macht die Konstruktion anschaulich. Nun kannst du den oberen Saum umnähen, in der Mitte läßt du etwa 10 cm offen. Durch den Hohlsaum steckst du die Querstange.

Und so wird der Drachen zum Indianer: Das Gesicht und die beiden Streifen auf jeder Seite schneidest du aus Zeichenkarton und nähst die Teile mit ein paar Stichen an. Die Federn befestigst du mit Bindfaden und Klebstoff auf der Oberseite der Stäbe. Zwei Kreppapierzöpfe umrahmen das Gesicht. **Schwanz:** An jeder Seite sitzen drei 1,50 m lange Kreppapierstreifen. Du hältst sie unten mit einer Quaste zusammen. Von den Armen hängen drei 2 m lange Bänder herab.

Der russische Riese

1,20 m × 1,50 m plus 2 cm Saum für die langen und 3 cm für die kurzen Seiten. Wenn ihr die Säume der beiden langen Seiten befestigt habt, könnt ihr euch an die Dekoration machen.
Danach schlagt ihr alle vier Ecken nach links um. Näht auch gleich die Schlaufen an, so wie auf der Zeichnung. Als letztes befestigt ihr die Säume der kurzen Seiten; sie bilden den Hohlsaum für die Querstangen.

Dieser Drachen ist der größte in unserem Buch. Ihr müßt mindestens zu zweit sein, um ihn steigen zu lassen. Er fliegt auch nur bei starkem Wind.
Bespannung : Stoff oder Packpapier eignen sich am besten. In der Form eines Rechtecks :

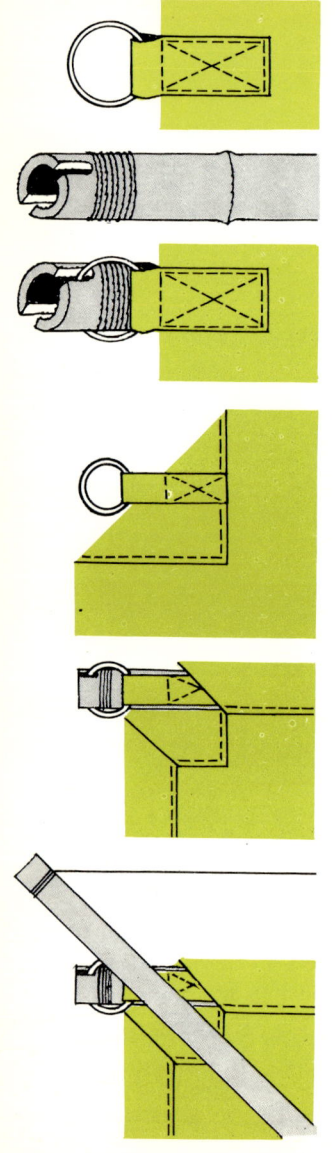

Für das **Gestell** aus Bambus empfehlen wir zwei Querstangen von 8 mm Durchmesser, für die Diagonalverstrebung Bambusstäbe von 15 mm Durchmesser. Die Querstangen sollen auf jeder Seite 2 cm über die Bespannung hinausstehen. Ihre Spitzen kerbt ihr ein und umwickelt sie mit Bindfaden.

Die Querstangen schiebt ihr durch den Hohlsaum und klemmt die Ringe in die Einkerbungen der Bambusstäbe. Jetzt könnt ihr die Diagonalverstrebung auf die Bespannung legen und sie zuerst an den Querstangen festbinden.

Danach werden die Diagonalen an ihrem Kreuzungspunkt fest miteinander verknotet. Laßt die Diagonalen an zwei Ecken 8 cm über den Rand hinausstehen, damit ihr dort die Schnur befestigen könnt.

Durch die beiden Säume der langen Seiten zieht ihr eine Schnur, spannt sie und befestigt sie an den beiden äußeren Enden der Querstangen. Ihr verbindet die überstehenden Enden der Diagonalen mit einer Schnur und spannt sie so, daß sich der Drachen wölbt und seinen Bauch 10 bis

Die Halteschnur ist an den oberen Enden der Schrägstangen und am Drachenmittelpunkt befestigt.

15 cm herausstreckt.
Die eine **Halteschnur** befestigt ihr an den beiden oberen Enden der Diagonalen.
Die andere Schnur wird am Kreuzungspunkt aller drei Leisten und auf der Mitte der Querschnur festgeknüpft. Sie soll so lang wie die Höhe eines Drachendreiecks sein.

Der Schwanz ist ganze 15 m lang. Ihr macht ihn aus einem 10 cm breiten Kreppapierstreifen genau so, wie es auf Seite 65 für den Sechseckdrachen beschrieben ist. Den Schwanz laßt ihr an einem Bindfadendreieck hängen, das die gleiche Höhe wie das Drachendreieck hat.

Drei Haspeln

Hier zeigen wir dir drei ganz einfache Haspeln zum Selberbauen. Für die erste brauchst du vier Bambusstücke von 8 mm Durchmesser, zwei 10 cm und zwei 18 cm lang. Du spaltest einen Bambus in vier Viertel. Zwei dieser Viertel legst du über Kreuz. Die runden Hölzer bindest du — wie auf der rechten Seite oben links gezeigt — an der Verstrebung fest. Die zweite Haspel bekommt zwei Griffe aus 8 mm starkem Rundholz. An den Stellen, wo du die Griffe auf ein 1 cm dickes Brettchen von 13 × 6 cm nagelst, flachst du sie vorher etwas ab. Für die Haspel Nummer drei brauchst du 8 mm starkes Rundholz (für die Griffe) und zwei 1 cm dicke Brettchen von 3 × 15 cm Größe. Für die Griffe bohrst du mit einer Bohrwinde in jedes Brettchen ein Loch.
Für die ganz großen Drachen brauchst du unbedingt eine kräftige Haspel, und die befestigst du zweckmäßigerweise am

Kleine Haspeln

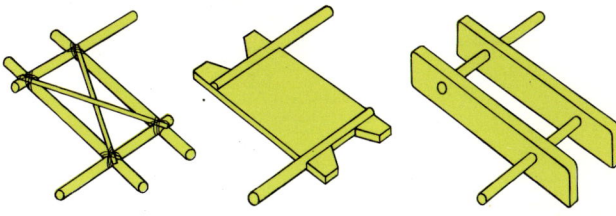

Die große Haspel

Hosengürtel. Du sägst die einzelnen Teile aus einem 1 cm dicken Brett aus. Die Löcher bohrst du mit der Bohrwinde. Kurbel und Achse sind aus 1 cm starkem Rundholz. Die verschiedenen Teile des Gestells werden zusammengenagelt. In die Seite ohne Handkurbel bohrst du ein kleines Loch. Wenn du nun die Haspel blockieren willst, steckst du nur einen passenden Splint hinein, den du an einem Bindfaden an der Haspel hängen hast. **Noch ein Tip:** Du kannst deine Drachenschnur auch über die Rolle einer großen Angel ablaufen lassen.

Der große Kasten

Kastendrachen können die verschiedensten Formen haben. Auf Seite 81 findet ihr einige davon aufgezeichnet. Ihr könnt sie alle bauen — nach dem Bauprinzip, das wir auch für diesen einfachen Kastendrachen geben. Unser Kastendrachen ist ein echter Windfänger und steht so ruhig in der Luft, daß ihr an seiner Schnur unbekümmert « Piloten » hochschicken könnt (mehr darüber auf Seite 86). Ihr könnt ihn leicht auseinandernehmen — das ist für den Transport sehr praktisch.

Bespannung : Du faltest den Stoff in der Mitte und schneidest die Drachenform plus 1 cm Saum an den Seiten und 2,5 cm Saum oben und unten aus. Die Säume an den Seiten nähst du um. Auf der rechten Stoffseite markierst du die Stellen für die Längsleisten. Dort, wo die Längsleisten auf den Saum stoßen, nähst du je einen Riegel an,

den du vorher durch einen Ring gezogen hast — also insgesamt vier Riegel und vier Ringe. Vier weitere Ringe nähst du an die Saumenden. Nun kannst du den oberen und unteren Saum auf der linken Seite annähen.

Für die **Zellen** des Kastens brauchst du zwei 52 × 25 cm große Rechtecke plus 1 cm Saum auf allen Seiten. Die Säume der langen Seiten kannst du umnähen. Auf die rechte Stoffseite nähst du zur Ver-

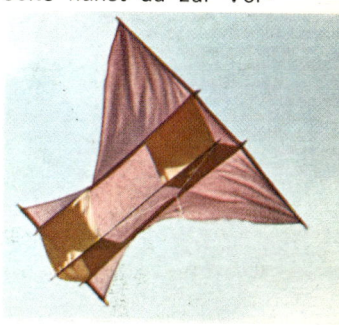

stärkung zwei Stoffstückchen (2 × 4 cm) genau dort, wo es dir die Zeichnung (Seite 80) zeigt. Rechts und links davon nähst du je zwei sauber umstochene Ösen. Nun legst du beide Zellen in der Mitte zusammen und steppst 2 cm von der Mitte entfernt eine Hohlnaht. Nun schneidest du zwei Stoffstreifen für die seitlichen « Stofftunnel » :

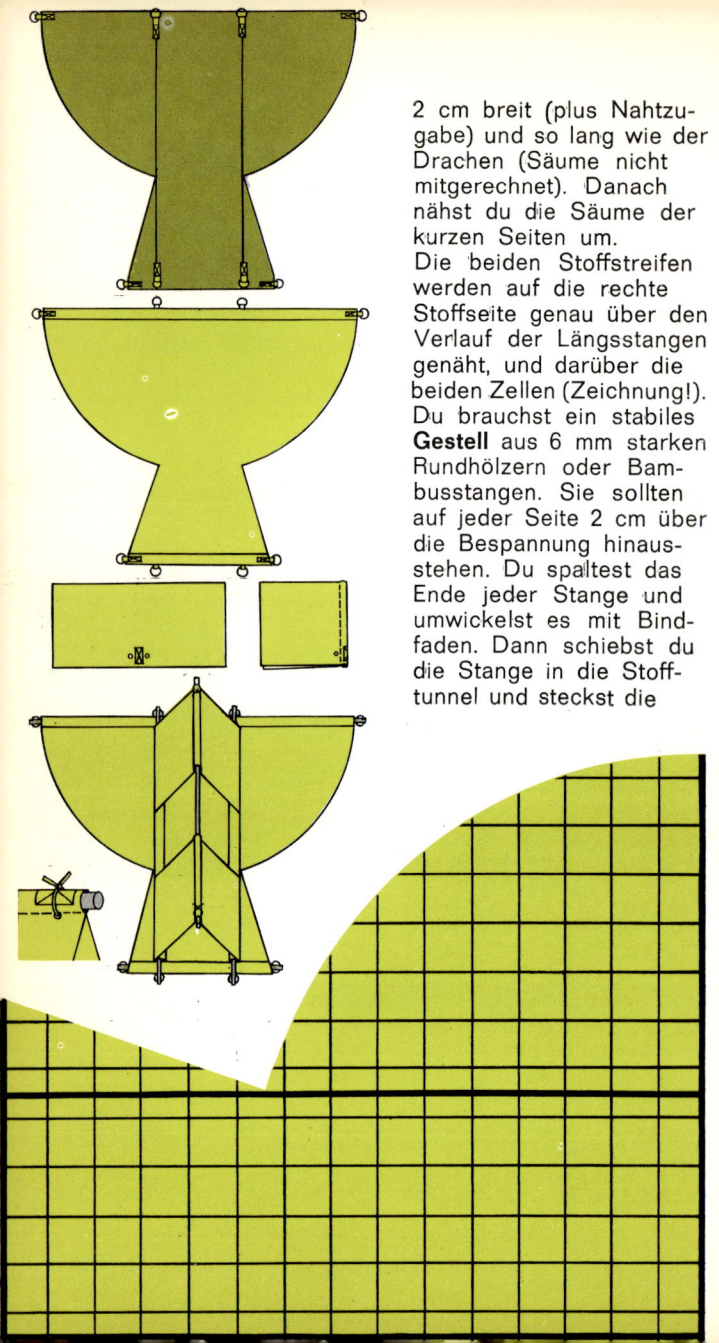

2 cm breit (plus Nahtzugabe) und so lang wie der Drachen (Säume nicht mitgerechnet). Danach nähst du die Säume der kurzen Seiten um.

Die beiden Stoffstreifen werden auf die rechte Stoffseite genau über den Verlauf der Längsstangen genäht, und darüber die beiden Zellen (Zeichnung!). Du brauchst ein stabiles **Gestell** aus 6 mm starken Rundhölzern oder Bambusstangen. Sie sollten auf jeder Seite 2 cm über die Bespannung hinausstehen. Du spaltest das Ende jeder Stange und umwickelst es mit Bindfaden. Dann schiebst du die Stange in die Stofftunnel und steckst die

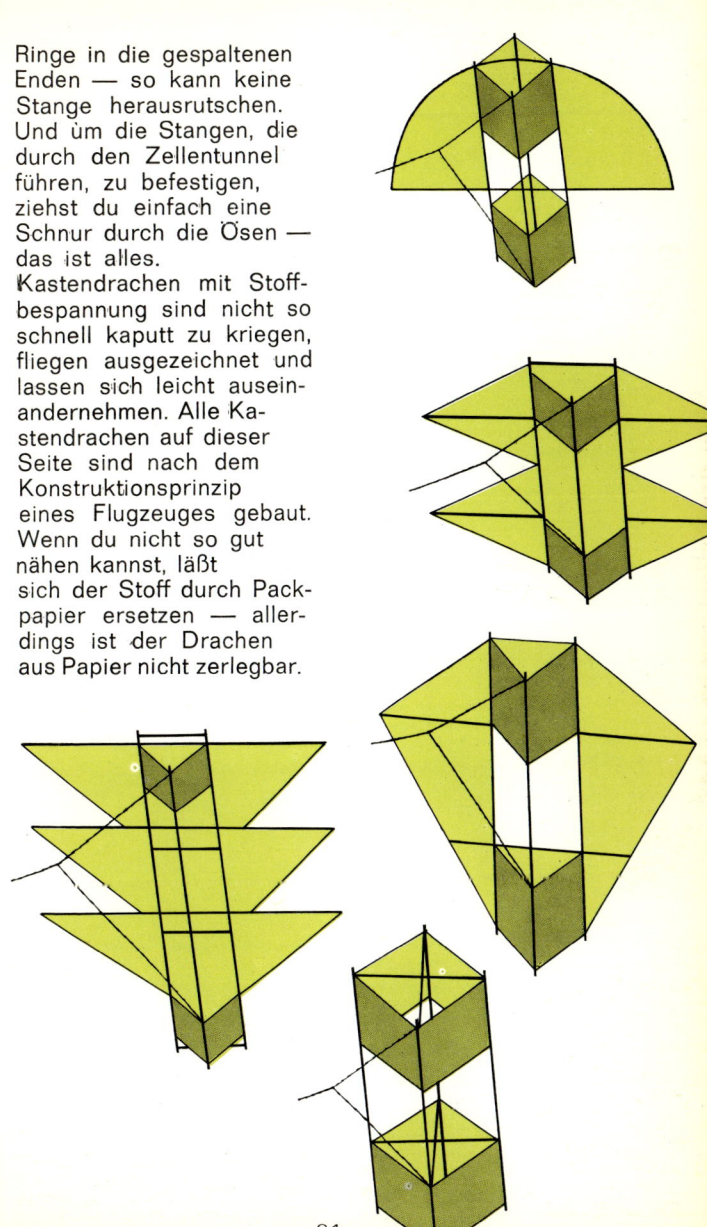

Ringe in die gespaltenen
Enden — so kann keine
Stange herausrutschen.
Und um die Stangen, die
durch den Zellentunnel
führen, zu befestigen,
ziehst du einfach eine
Schnur durch die Ösen —
das ist alles.
Kastendrachen mit Stoff-
bespannung sind nicht so
schnell kaputt zu kriegen,
fliegen ausgezeichnet und
lassen sich leicht auseinandernehmen. Alle Ka-
stendrachen auf dieser
Seite sind nach dem
Konstruktionsprinzip
eines Flugzeuges gebaut.
Wenn du nicht so gut
nähen kannst, läßt
sich der Stoff durch Packpapier ersetzen — aller-
dings ist der Drachen
aus Papier nicht zerlegbar.

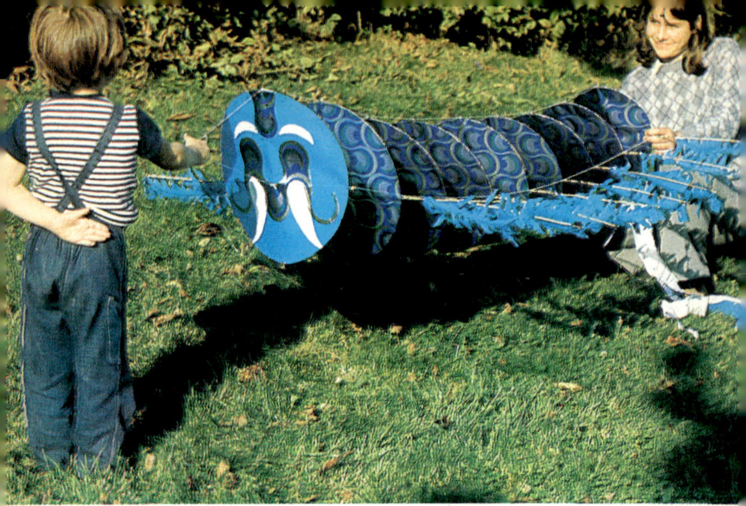

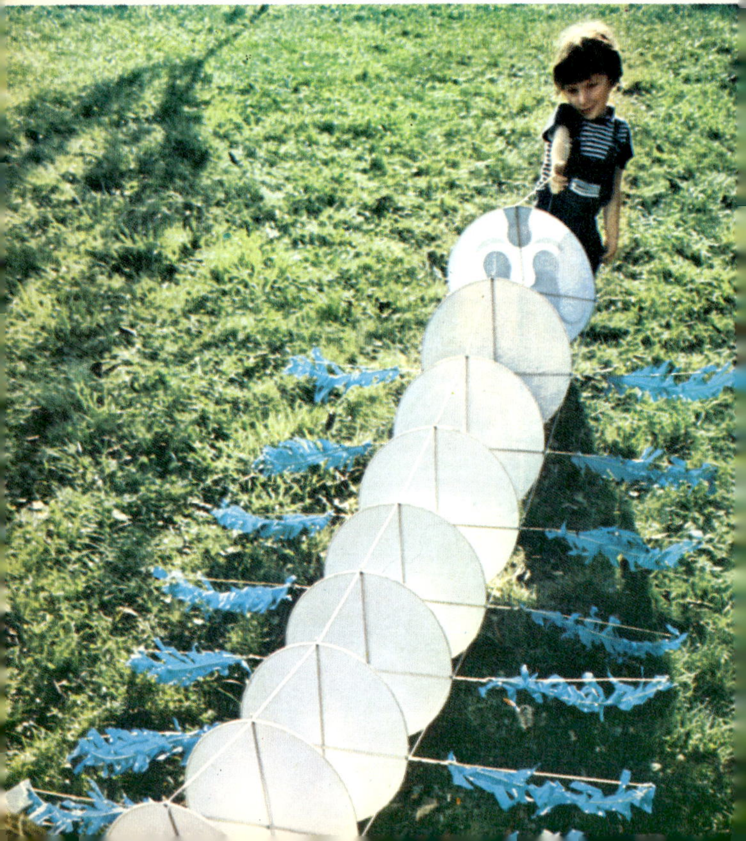

Chinesische Drachen

Bespannung : Leichtes Einschlagpapier oder buntes Geschenkpapier.

Gestell : Das Kreisgestell der Scheiben besteht aus 3 mm starkem Peddigrohr. Das Holzkreuz zur Verstärkung der Scheiben machst du aus 2 × 3 mm starkem Bambus. Der Durchmesser des Kopfes beträgt 38 cm, die anderen Scheiben haben jeweils einen Durchmesser von 35, 34, 33, 32, 31, 30, 29 und 28 cm — der Durchmesser verringert sich also zum Schwanz hin bei jeder Scheibe um 1 cm. Du zeichnest den jeweiligen Kreis auf die Bespannung, schneidest dir ein Peddigrohr von der Länge des Kreisumfanges zurecht, bindest es zusammen, klebst es auf die Bespannung, und sobald der Klebstoff trocken ist, kannst du das überstehende Papier ganz knapp am Kreisrand entlang abschneiden. Dann legst du zwei Bambusstä-be über Kreuz auf die Scheibe und befestigst sie durch das Papier hindurch mit Hilfe von Nadel und Faden am Peddigrohr. Laß' alle Längsstäbe etwas über die Scheibe hinausstehen, die Querstäbe aber sollten auf jeder Seite 5 cm herausragen, denn an ihnen mußt du die Stabilisierungsarme befestigen. Dafür kannst du richtige große Federn verwenden. Willst du die Federn auch selber machen, beklebst du 37 cm lange Bambusstücke mit Kreppapierstreifen — das gibt wunderschöne Federn. Na-

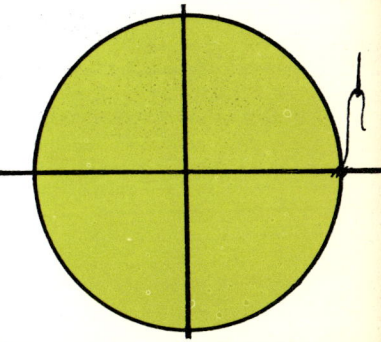

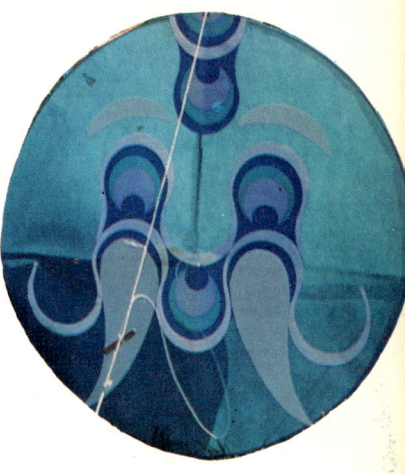

türlich sollten auch die Bambusflügel zum Ende hin immer kürzer werden.

So baust du den Drachen zusammen: Du verbindest die Scheiben untereinander mit drei Bindfäden, die du an den äußeren Enden der Querstäbe und am oberen Ende der Längsstäbe befestigst. Auf jeden Knoten gehört etwas Leim. Die ersten beiden Scheiben sind 28 cm voneinander entfernt. Dieser Abstand sollte sich bei den nächsten Scheiben um jeweils 1 cm verringern.

Der Schwanz besteht aus drei 1 m langen Kreppapierbändern. Er wird am Gestell der letzten Scheibe befestigt.

Die Drachenpiloten

Natürlich meinen wir keine
Flugzeugpiloten damit.
Mit unseren Piloten aber
könnt ihr Lampions an der
Drachenleine hoch-
schicken. Sie können auch
Flugblätter, Fallschirme
oder Konfetti abwerfen.
Voraussetzung zum Pilo-
ten-Hochschicken ist ein
stabiler und ruhig stehen-
der Drachen (Kasten-
drachen).
Der Vogel ist am
einfachsten. Du schneidest
ihn aus Zeichenpapier. Die
Flügelspanne soll 30 cm
betragen. Die Flügel ver-
stärkst du auf der Rück-
seite mit einer dünnen,
2 mm breiten Leiste.
Zwei 50 cm lange Krepp-
streifen sind der Schwanz.
Das Segel kann sogar
einen Fallschirm abwerfen.
Du schneidest es aus
leichtem Einschlagpapier,
das auf der Rückseite
mit dünnen Leisten, und
auf der Vorderseite mit
einem Stück Zeichen-
papier verstärkt wird. Nun
klebst du einen Korken
auf die Rückseite und
bohrst zwei Büroklam-
mern in den Korken. Sie
dienen als Gleitvorrich-
tung. Auf die Vorderseite
klebst du einen halben
Korken, durch den du
vorher eine Büroklammer
gesteckt hast. Die Büro-
klammer hält ein Gummi-
band fest. Das Gummi-
band hängst du in eine
weitere Büroklammer
oder eine Haarnadel (sieh'
dir dazu die Zeichnung
an), an der du später den
Fallschirm befestigen
kannst. Ganz oben, nahe
am Drachen knotest du in
die Drachenleine ein
Stück Holz oder Bambus.
Wenn das Segel an die-
sen Widerstand anschlägt,
richtet sich die Haarnadel
oder die Klammer auf
und läßt den Fallschirm
herunter schweben.
Für das Klappsegel
schneidest du Stoff
zu einem gleichseitigen
Dreieck mit 40 cm Seiten-

länge, plus 2 cm für den Saum, nähst die Säume um, läßt aber die Enden frei.

In der Mitte einer Seite schneidest du den Saum 3 cm weit ein. In die beiden durchgehenden Säume schiebst du je einen Bambusstock von 5 mm Durchmesser. Auf die Mitte des dritten Bambusstocks steckst du einen Bambusring. In ihn schraubst du später die Gleitvorrichtung. Nun kannst du den dritten Bambusstab in den Saum einziehen, wobei der Bambusring aus dem Einschnitt herausschauen soll.

Für die Piloten-Gleitvorrichtung brauchst du ein 7 cm langes Bambusrohr ohne Knoten mit 12 mm Durchmesser, das an zwei Stellen eingekerbt wird. Um dieses Stück an einem 22 cm langen Bambusrohr zu befestigen, brauchst du Draht — ein Drahtstück mußt du zu einem Haken wie auf der Zeichnung krümmen (1). Einen gleichen Haken bringst du auch am anderen Ende des langen Bambusrohrs an (2). Jetzt ziehst du durch beide Bambusrohre einen Draht, der sich verschieben läßt; das eine Ende biegst du zu einem einfachen Haken — er soll später auf der Drachenleine entlang rut-

schen (3). Nun kannst du die Gleitvorrichtung an das Segel schrauben (4). In die erste Kerbe des kurzen Bambusrohrs wird ein Ring eingehängt. Durch den Ring ziehst du eine Schnur ; sie hält das Segel im rechten Winkel. In die zweite Kerbe hängst du den Fallschirm (6). Auf der Gleitvorrichtung ist jetzt noch ein Drahtring frei ; einen gleichen Ring befestigst du noch auf der oberen Segeldreieckseite und ziehst durch beide Ringe ein Gummiband.

Wenn der « Pilot » an der Drachenleine auf ein Hindernis stößt, rutscht der Schiebedraht nach hinten, wodurch der Fallschirm und die Schnur, die das Segel gegen den Wind hält, ausklinken.

Das Segel klappt zusammen und bietet — gegen die Gleitvorrichtung gepreßt — dem Wind keinen Widerstand mehr. Also rutscht der ganze Apparat an der Drachenleine wieder zu dir herunter. Die Zeichnung (5) zeigt dir, wie du den Beutel für den Konfettiregen anbringst.

Der Fallschirm ist aus Seide oder Nylon. Du schneidest einen Kreis von 35 cm Durchmesser aus, und nähst den Rand ringsherum ganz schmal um. Genau in der Mitte befe-

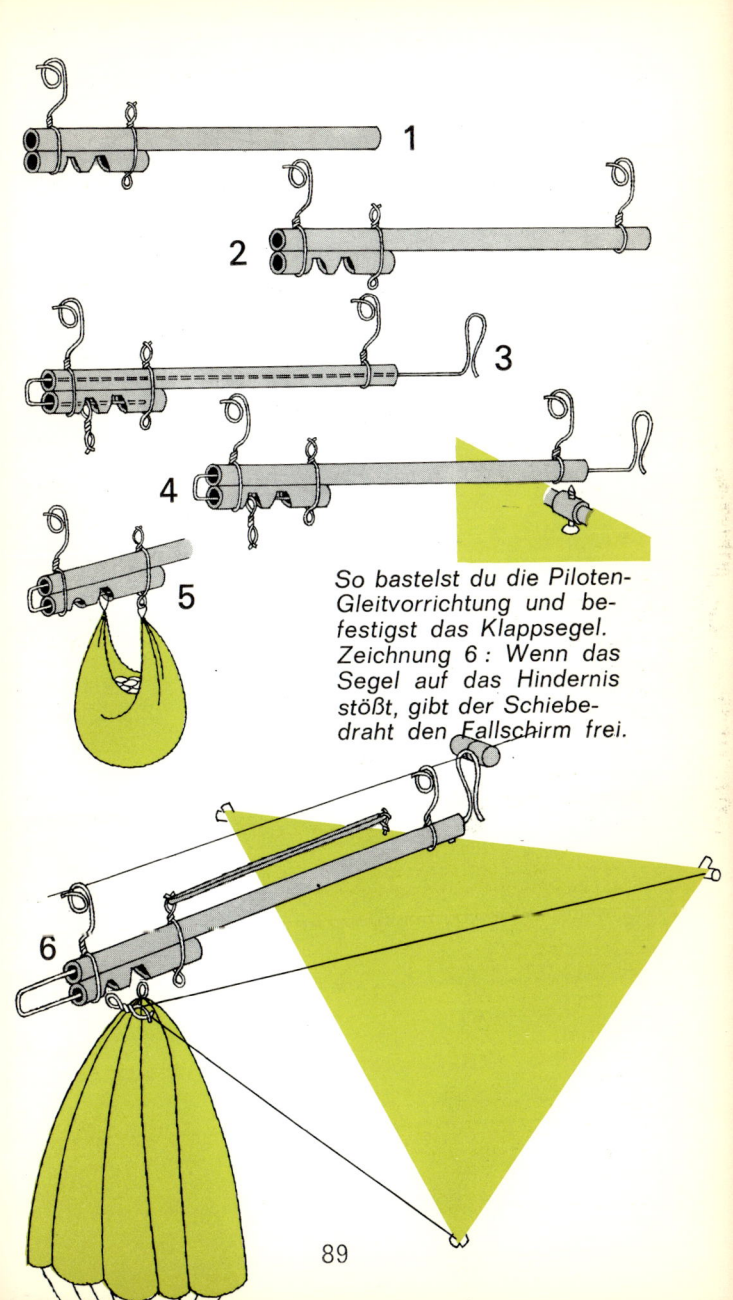

So bastelst du die Piloten-Gleitvorrichtung und befestigst das Klappsegel. Zeichnung 6: Wenn das Segel auf das Hindernis stößt, gibt der Schiebedraht den Fallschirm frei.

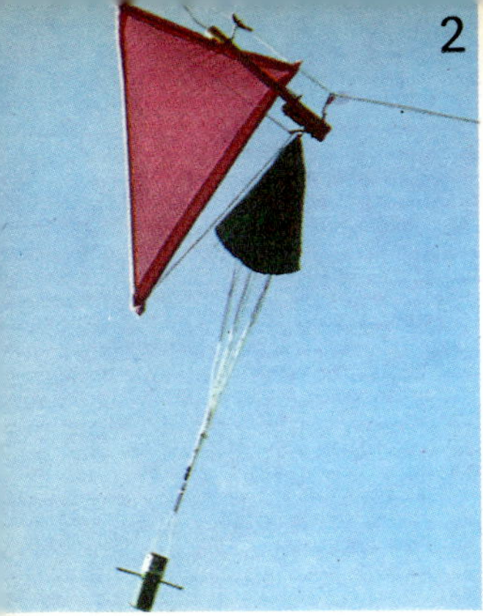

2

3

4

5

6

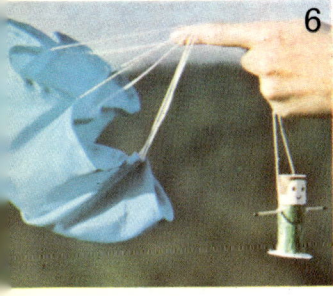

1 : Der Pilot startet.
2 : Das Segel steigt hoch.
3 : Jetzt kommt es an.
4, 5 : Der Fallschirm wird
        abgehängt, das Segel
        klappt um und steigt
        herunter.
6 : Der Fallschirmspringer
     ist gut angekommen.

stigst du mit ein paar
Stichen einen kleinen
Ring. Acht 25 cm lange
Fäden werden in regel-
mäßigen Abständen am
Schirmrand festgemacht
und am anderen Ende zu
einem Knoten geschlungen.
Den Fallschirmspringer
baust du aus einer 7 cm
langen Pappröhre. Unten
verschließt du sie mit
einer angeklebten Papp-
scheibe. Den Hohlraum
füllst du mit Sand, oben
schließt du mit einem Korken. Zwei Streichhölzer -
in den Korken gesteckt -
bilden die Arme.

Drachengespanne

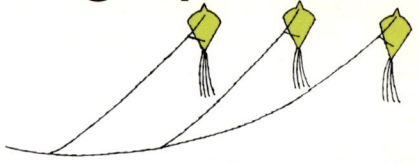

Drachengeschwader mit gemeinsamer Schnur

Euer Drachen kann eine ganze Menge Gegenstände hochheben oder mitziehen. Sie dürfen nur nicht zu schwer sein und müssen an der Drachenschnur festgeknotet werden. Auf dem Wasser können Drachen sogar kleine Boote hinter sich herziehen. Ganz große Drachen nehmen mühelos ein Schlauchboot mit einem Passagier an Bord ins Schlepptau (der Passagier muß aber schwimmen können!). Und sie können sogar einen Wagen über den Sandstrand ziehen. Ohne kräftigen Wind geht das natürlich nicht.

Manchmal ist ein Gespann mehrerer Drachen einfacher zu handhaben als ein einzelner riesengroßer Drachen. Für die Zugkraft ist allein die Fläche des einzelnen oder mehrerer Drachen zusammen entscheidend. Um ein Drachengespann steigen zu lassen, könnt ihr die Drachen hintereinander spannen — so wie die Scheiben des chinesischen Drachens. Dazu zieht ihr von einem Drachen zum nächsten zwei Schnüre und befestigt sie bei jedem Drachen an den gleichen Stellen. Ihr könnt aber auch einen Drachen nach dem anderen steigen lassen und sie in verschiedenen Höhen an der Schnur des Mutterdrachens befestigen. Wußtet ihr schon, daß euer Drachen auch pfeifen kann? Dazu braucht ihr nur einige Pfeifen an ihm festzubinden — so, daß die Mundstücke in den Wind zeigen.

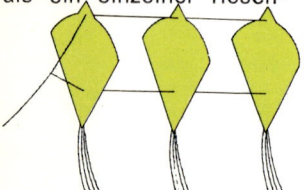

Hintereinander gespannte Drachen.

Wie hoch steht dein Drachen?

Hoch oben am Himmel steht euer Drachen. In wieviel Meter Höhe mag er wohl schweben? Um das herauszukriegen, gibt es eine ziemlich einfache Methode. Ihr braucht dazu nur ein normales Winkelmaß mit einem 90° Winkel und zwei 45° Winkeln. Das Winkelmaß könnt ihr kaufen oder auch selber bauen, indem ihr ein Pappquadrat entlang einer Diagonalen durchschneidet. Dann habt ihr sogar gleich zwei Winkelmesser. In die Ecke des 90° Winkels bohrt ihr ein Loch. Dadurch nagelt ihr das Winkelmaß auf einem Holzstückchen fest. Klopft den Nagel nicht zu fest! Das Dreieck muß lose hängen, damit durch das eigene Gewicht die untere Seite immer in die Horizontale einpendeln kann. Jetzt nimmt jeder von euch seinen Platz ein: Frank (1) hält die Drachenleine. Laszlo (2) stellt sich direkt unter den Drachen — so genau, als hättet ihr die Stelle mit dem Lot bestimmt. Tom (3) hält das Winkelmaß in Augenhöhe und findet so den Punkt, von dem aus er den Drachen genau auf der Verlängerung der Dreieckseite die nach oben führt, sieht. Auf unserer Zeichnung könnt ihr erkennen, wie ihr nun die Höhe des Drachens bestimmt: sie ist gleich der Entfernung zwischen Tom und Laszlo.

Der Drachen steigt

Zum Drachensteigenlassen brauchst du viel Platz. Vor allem aber muß Wind wehen.
Sobald du merkst, daß der Wind den Drachen « packt », läßt du ihn los, ziehst leicht an der Schnur, gibst wieder nach, bis der Drachen oben ist. In der Praxis lernst du das ganz schnell von alleine. Große Drachen läßt du besser zusammen mit einem Freund steigen.
Du hast die Schnur in der Hand, dein Freund hält den Drachen mit beiden Händen von sich weg. Beim vereinbarten Zeichen läßt er ihn los, und du läufst ein Stück in die andere Richtung, damit die Schnur gespannt bleibt. Wenn dein Drachen durch einen plötzlichen Windstoß einen Sturzflug macht, läßt du schnell etwas Schnur nach und wickelst dann langsam auf, bis sie wieder Spannung hat.
Um gegen Zwischenfälle gerüstet zu sein, solltest du immer Drachenflickzeug bei dir haben : Schere, Klebstoff, Papier und ein paar Kreppapierstreifen. Zwei Plätze gibt es, die du mit deinem Drachen lieber meidest : die Nähe von Überland- oder Telefonleitungen und vielbefahrene Autostraßen.

Ein plötzlich abstürzender Drachen kann nämlich einen schweren Autounfall verursachen.
Wir raten dir auch, bei einem Gewitter aufs Drachensteigenlassen zu verzichten, denn ein Drachen kann den Blitz anziehen, und das ist für dich wirklich sehr gefährlich.

Imprimé en France par GEORGES LANG, à Paris. D. L. B 10438.

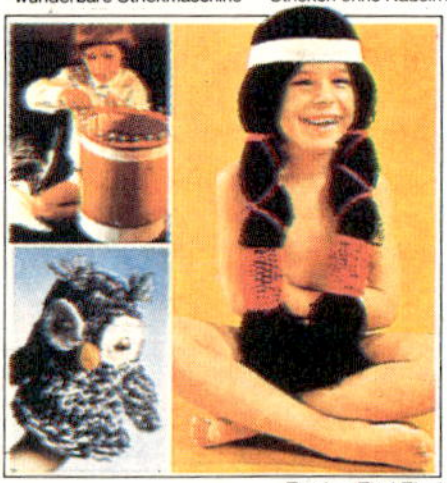

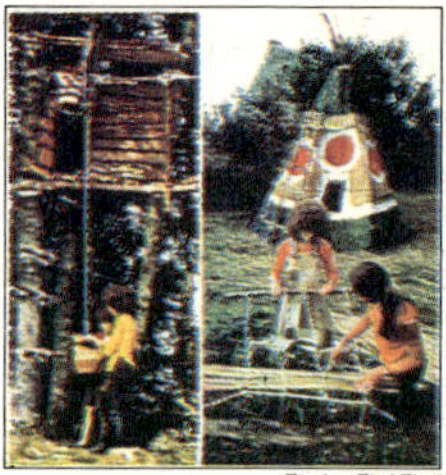

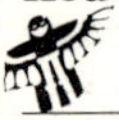

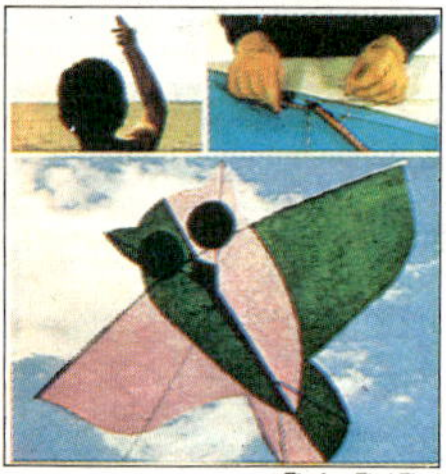

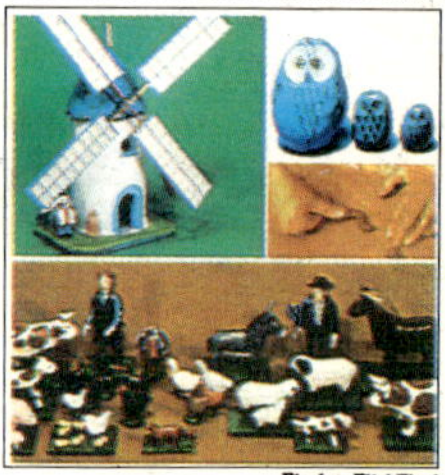